KAWADE
夢文庫

ANAとJAL こんな違いがあったのか

秋本俊二

河出書房新社

はじめに

２０２０年の東京オリンピック・パラリンピック開催まで、すでに２年を切りました。日本政府は４０００万人を超える訪日外国人を迎えることを目標に掲げて首都圏の空港の発着枠拡大を進め、航空業界も増大する旅行客の受け入れ体制強化やサービスの一層の向上に力を入れて取り組んでいます。

その先頭に立っているのが、トリトンブルーの鮮やかな青をシンボルとするＡＮＡ（全日本空輸）と、赤い鶴丸マークでおなじみのＪＡＬ（日本航空）です。日本のフラッグキャリアであるこの2社は、いまや世界を代表するエアラインに成長しました。わが国の航空業界の歴史は、この2社が競い合いながら形成されてきたといっても過言ではありません。

「あなたはＡＮＡ派？　ＪＡＬ派？」

「きみは赤組？　青組？」

旅行好きや航空ファンのあいだでは、よくそんな会話が飛び交います。両社の実力や実績は拮抗し、人気も真っ二つに分かれているといっていいでしょう。そして「旅行するときにどの航空会社を利用したいか？」というアンケートでは、ＡＮＡ

とＪＡＬが他の外資系エアラインをいつも大きく引き離してきました。

しかし、ＡＮＡとＪＡＬをひとまとめに語ることはできません。両社は生い立ちもこれまでの歩みも、まったく違うからです。本書は、そんな両社の特徴や違いを、さまざまなキーワードをもとに分析・紹介しました。

国際線・国内線ネットワーク、使用機材、サービス、スタッフ、事業戦略、企業理念……くわしく調べて分析すればするほど、それぞれの「強み」や「個性」が際立ってきます。

そして両社は、ライバルとして激しいシェア争いをくり広げながらも、いっぽうでお互いを認め合い切磋琢磨しながら日本の航空業界を発展・成長させてきました。この二大エアラインの違いを知ることで、空の旅がより楽しくなり、またふだん見慣れた空港や飛行機が、これまでとは違って見えて新たな発見や驚きをもたらしてくれるでしょう。

両エアラインを長年愛用してきたひとりとして、本書がそのガイド役となってくれることを心から願っています。

２０１８年11月　韓国・釜山にて　秋本俊二

1章◉ネットワーク、拠点空港、オペレーション基地…

事業展開の違いを読みとく

2章◉企業理念、グループ企業、LCC戦略…

会社・組織の違いを読みとく

3章◉保有機数、主力機、ＭＲＪ、特別塗装機…

運航機材の違いを読みとく

4章◉ファーストクラス、ビジネスクラス、機内食…

国際線サービスの違いを読みとく

5章◉上級クラス、普通席シート、ラウンジ…

国内線サービスの違いを読みとく

6章◉チェックイン、機内Wi-Fi、マイレージ…

基本サービスの違いを読みとく

7章●CA・整備士の制服、パイロット訓練…

スタッフの違いを読みとく

カバー画像◉123RF
本文写真◉PIXTA
◉フォトライブラリー
図版作成◉新井トレス研究所

1章

◉ネットワーク、拠点空港、オペレーション基地…

事業展開の違いを読みとく

国際線ネットワーク——就航都市から読みとける両社の戦略の違いとは？

両社の国際線ネットワークを「就航都市（しゅうこう）」の数で読みとくと、戦略の違いが見えてくる。海外をいくつかのエリアに分けて分析し、それぞれの強みを探ってみよう。

ＪＡＬはかつて欧米やアジア、中東、南米、アフリカと世界中にネットワークを構築していた。しかし、その後は世界情勢の変化と会社としての経営危機から戦略は大きく変化。現在は自社運航の南米路線やアフリカ路線はなく、南アジア路線もインドの１路線だけに縮小している。ヨーロッパ路線もパリ、ロンドン、フランクフルト、ヘルシンキ、モスクワの５都市に集約した。国際線就航都市は39空港となっている（就航都市数などは２０１８年〈平成30〉初めの時点。以下同）。

いっぽうのＡＮＡの国際線は、初となる定期便がグアムに就航したのが１９８６年（昭和61）で、まだ歴史が浅い。

しかし、このわずか30年あまりのあいだに、飛躍的ともいえる成長を実現。グアム線と中国線をステップに国際路線を拡大し、その後はアメリカやヨーロッパへも翼を伸ばしてきた。とりわけ中国線に強いのがＡＮＡの国際線ネットワークの特徴で、海外就航地は44空港に達している。

ＪＡＬの39空港に対して、ＡＮＡの44空港――国際線就航地の数としてはＡＮＡが少し多いが、これは両社の地域戦略の違いによるものでもある。

たとえば韓国、台湾、中国の東アジア路線網を見ると、ＪＡＬの場合は韓国ではソウルと釜山（プサン）、台湾では台北と高雄（カオシヨン）、中国では北京と上海というように２拠点化を進めてきた。いわば「バランス重視」のネットワーク構築である。

それに対してＡＮＡは、前述したように中国線の拡充にとりわけ力を入れてきた。「中国線は国際線強化の切り札」とさえ位置づけ、香港を含めた11都市に就航。成田発着の中国路線は、需要の高いシーズンには11都市すべてにデイリー体制でダイレクト便（直行便）を飛ばしている。東アジアの就航都市数としては、ＪＡＬが13空港、ＡＮＡが15空港である。

東南アジアやインド、オーストラリア路線では、ＪＡＬは10空港に就航。いっぽうのＡＮＡはＪＡＬが就航していないプノンペン（カンボジア）、ムンバイ（インド）を含めて12空港だ。

また、英誌『エコノミスト』の「世界一住みやすい都市ランキング」で２０１７年（平成29）まで７年連続で第１位に選ばれていたオーストラリアのメルボルンへ

ANA・JAL国際線ネットワーク（東アジア地域）

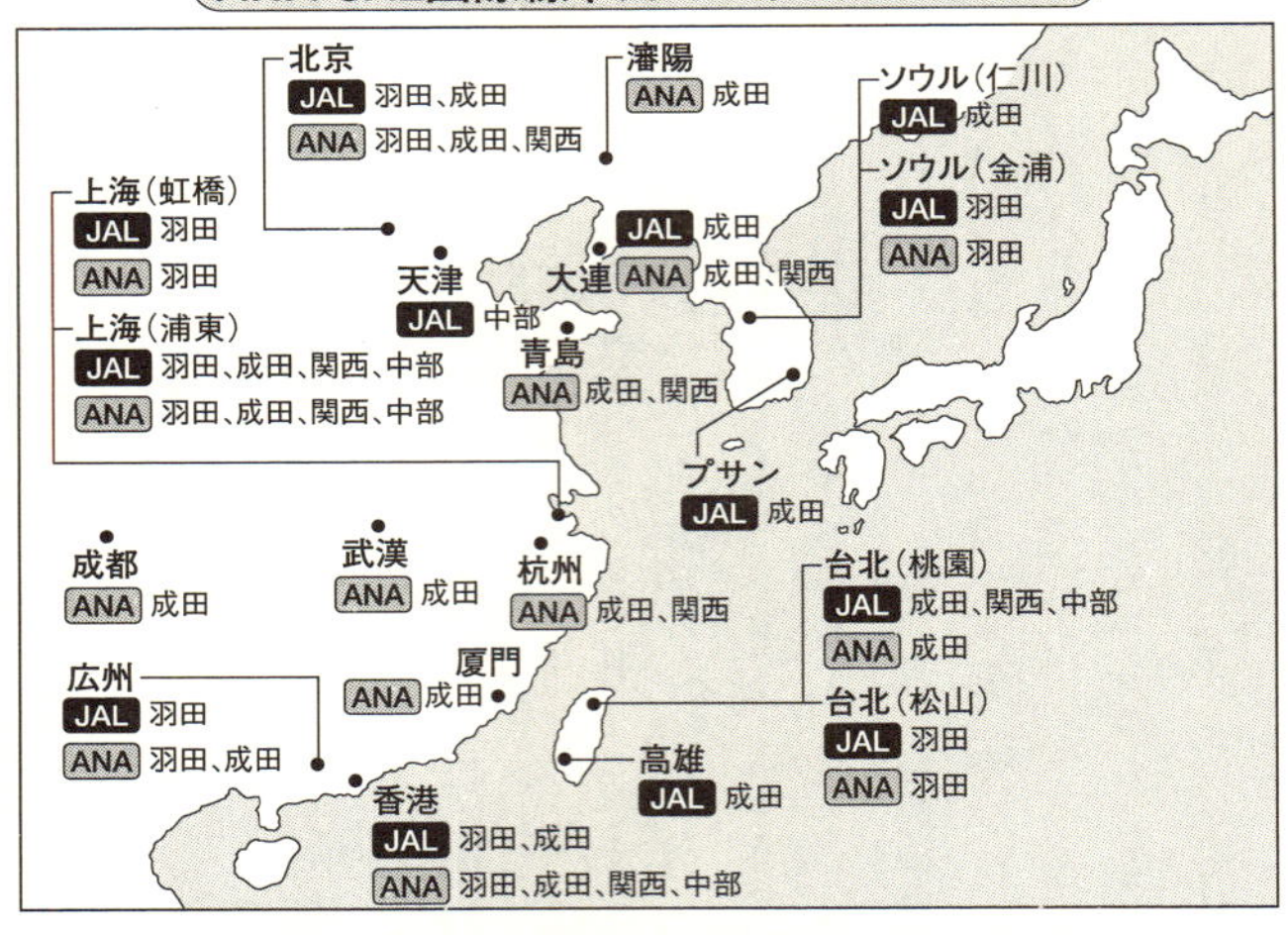

ANA・JAL国際線ネットワーク（東南アジア・オセアニア地域）

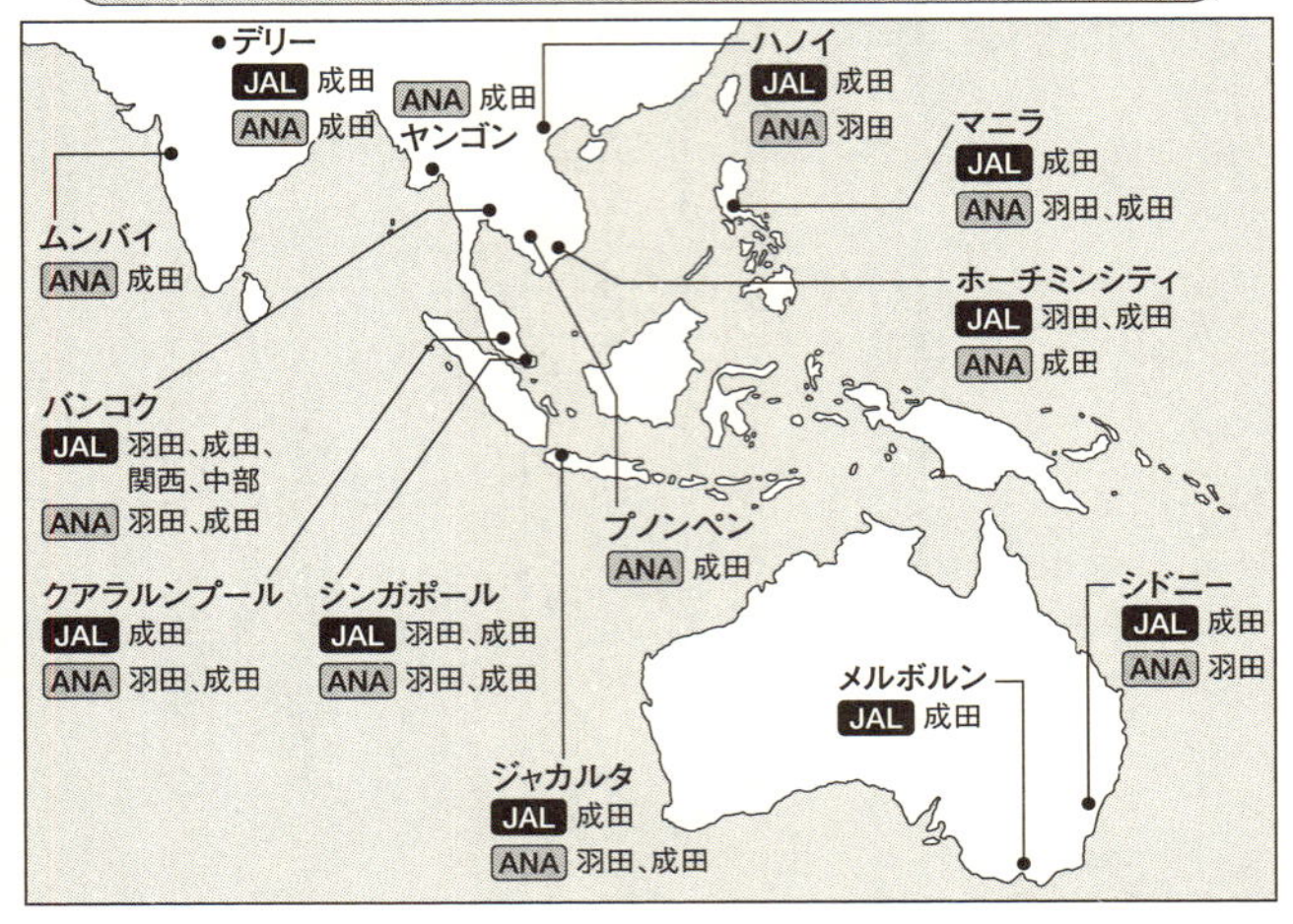

は、JALのみが就航している。2017年9月から運航をスタートし、つねに満席に近い好調な状態がつづいているという。

さて、欧米路線ではどうか？

北米・ハワイ・グアム方面の就航都市数は、JAL、ANAともに11空港である。両社ともニューヨーク、シカゴ、ロサンゼルス、サンフランシスコなど北米の基幹都市にネットワークを構築。またJALはダラス、ANAはヒューストンという南部の拠点空港にも自社運航便を就航させた。ダラスはJALのワンワールドパートナー（73ページ参照）であるアメリカン航空の、ヒューストンはANAのスターアライアンスパートナー（72ページ参照）であるユナイテッド航空のハブ拠点だ。北米大陸におけるそれぞれの広大なネットワークを活用する乗り継ぎ客にもターゲットを合わせ、営業力アップに余念（よねん）がない。

ヨーロッパ方面へは、もともとJALのネットワークが充実していた。ANAがロンドン（ガトウィック空港）への自社初となる欧州線定期便を就航させたのは1989年（平成元）7月。その当時、JALはすでにロンドンやパリ、フランクフルト、ローマ、マドリード、モスクワなど10都市に就航していた。

けれども、30年近い歳月を経（へ）て、状況は変わっている。JALの自社運航便によ

ANA・JAL国際線ネットワーク(北米・ハワイ・グアム地域)

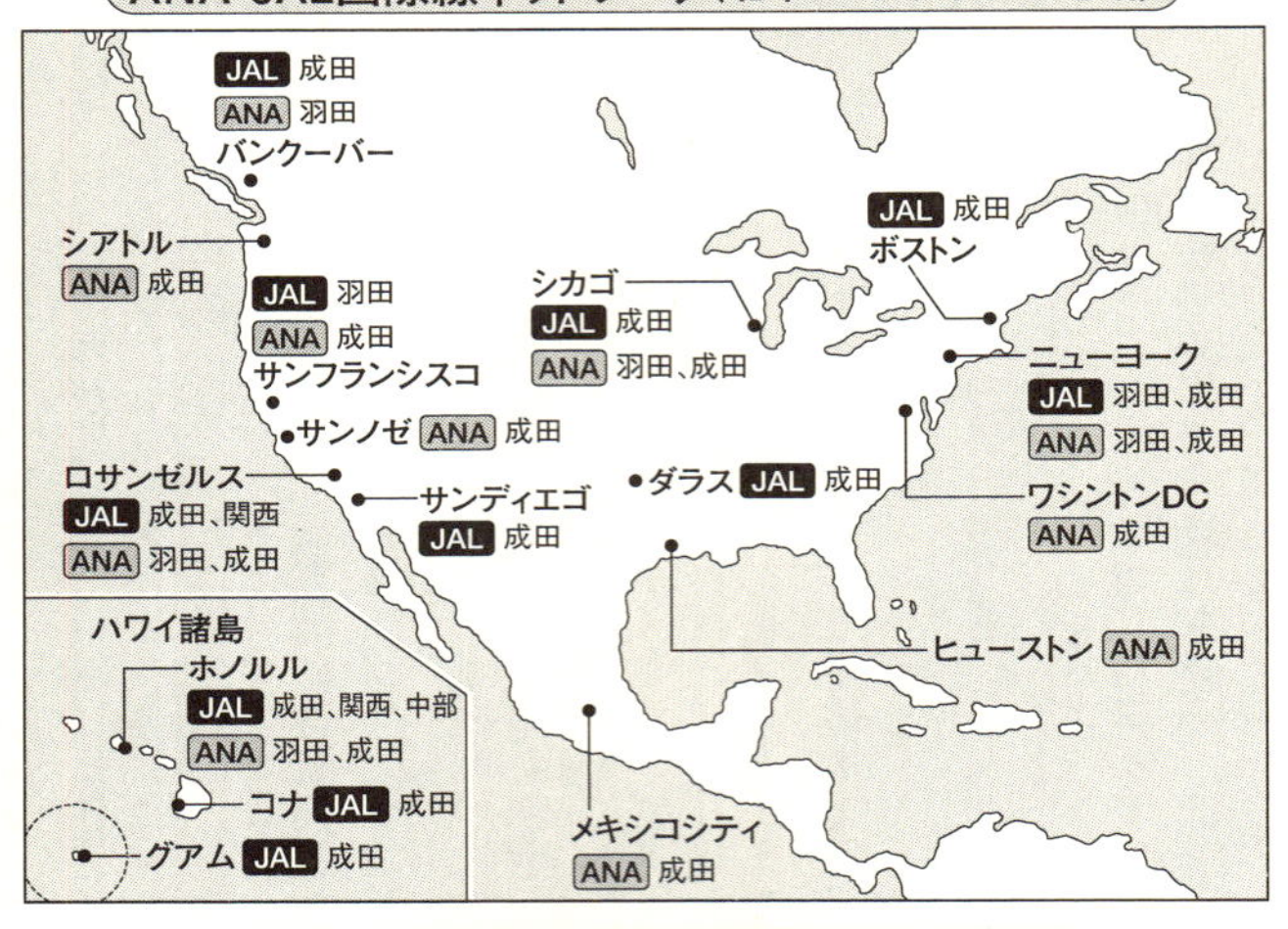

ANA・JAL国際線ネットワーク(ヨーロッパ地域)

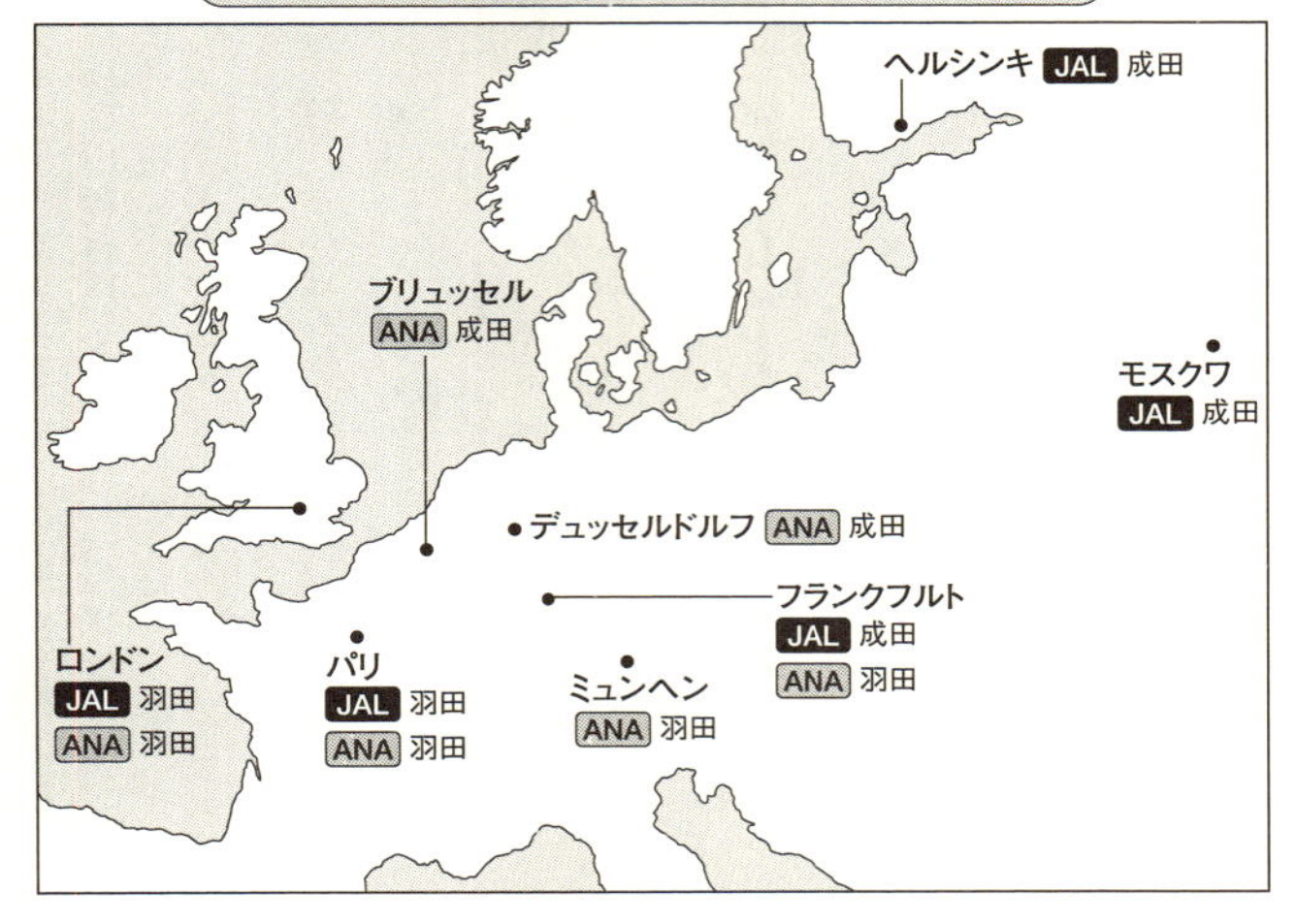

る就航都市は5つに縮小、いっぽうのANAは6都市に拡大した。

さらにANAは、2019年（平成31）2月に羽田からオーストリアのウィーンへの新規路線を開設することを発表している。

ウィーン空港は東西ヨーロッパのほぼ中心部に位置し、人気のチェコやブルガリアなど東欧諸国への旅の拠点としてとても使い勝手がいい。スターアライアンスパートナーであるオーストリア航空との連携で、旅の可能性はますます広がりそうだ。

国内線ネットワーク——他社との連携を強めるANA グループで地方路線を担うJAL

ANAは1960年代、東京から地方への路線網を急速に拡大し、現在の国内線ネットワークの土台を築きあげた。この路線網がかつて「ビームライン」と呼ばれたのは、東京を中心に放射状に広がる光線のようだったからである。

運航は1963年（昭和38）に4路線からスタートし、現在は羽田から38空港、札幌（新千歳）から23空港、中部から16空港、大阪（伊丹）から19空港、福岡から13空港、那覇から18空港などへ拡大。グループ会社であるANAウイングス（63ペ

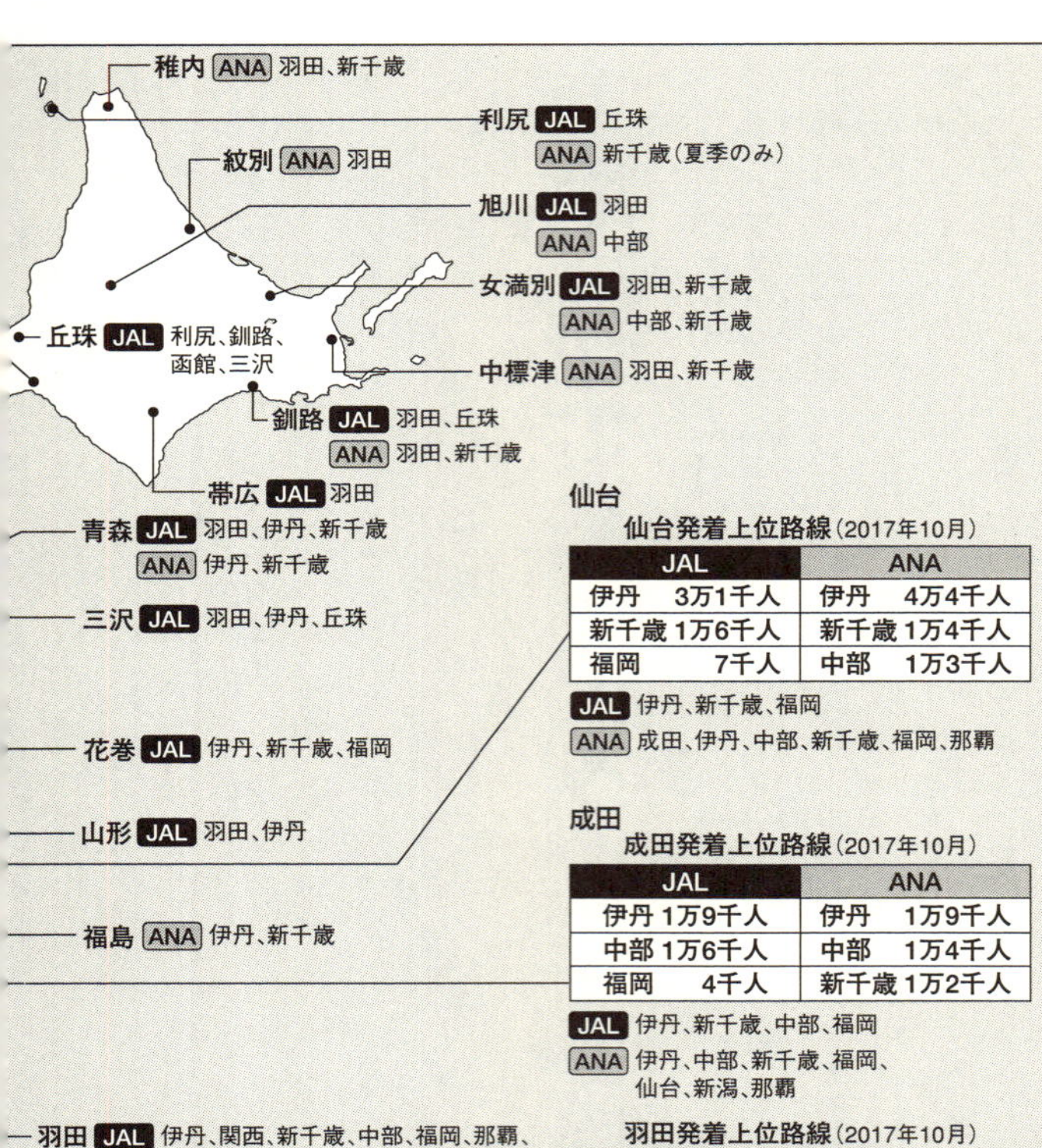

仙台発着上位路線（2017年10月）

JAL		ANA	
伊丹	3万1千人	伊丹	4万4千人
新千歳	1万6千人	新千歳	1万4千人
福岡	7千人	中部	1万3千人

JAL 伊丹、新千歳、福岡

ANA 成田、伊丹、中部、新千歳、福岡、那覇

成田発着上位路線（2017年10月）

JAL		ANA	
伊丹	1万9千人	伊丹	1万9千人
中部	1万6千人	中部	1万4千人
福岡	4千人	新千歳	1万2千人

JAL 伊丹、新千歳、中部、福岡

ANA 伊丹、中部、新千歳、福岡、
仙台、新潟、那覇

羽田 JAL 伊丹、関西、新千歳、中部、福岡、那覇、
女満別、旭川、釧路、帯広、函館、青森、
三沢、秋田、山形、小松、南紀白浜、
岡山、広島、山口宇部、出雲、徳島、高松、
高知、松山、北九州、大分、長崎、熊本、
宮崎、鹿児島、奄美、宮古、石垣

ANA 伊丹、関西、神戸、新千歳、福岡、中部、
稚内、紋別、中標津、釧路、函館、
大館能代、秋田、庄内、富山、小松、能登、
八丈島、岡山、広島、岩国、山口宇部、
鳥取、米子、石見、徳島、高松、松山、
高知、佐賀、大分、熊本、長崎、宮崎、
鹿児島、那覇、宮古、石垣

羽田発着上位路線（2017年10月）

JAL		ANA	
新千歳	27万7千人	新千歳	32万9千人
福岡	27万6千人	福岡	31万人
伊丹	21万8千人	伊丹	24万7千人
那覇	21万人	那覇	24万2千人
熊本	7万5千人	広島	11万5千人

ANA・JAL国内線ネットワーク（東日本）

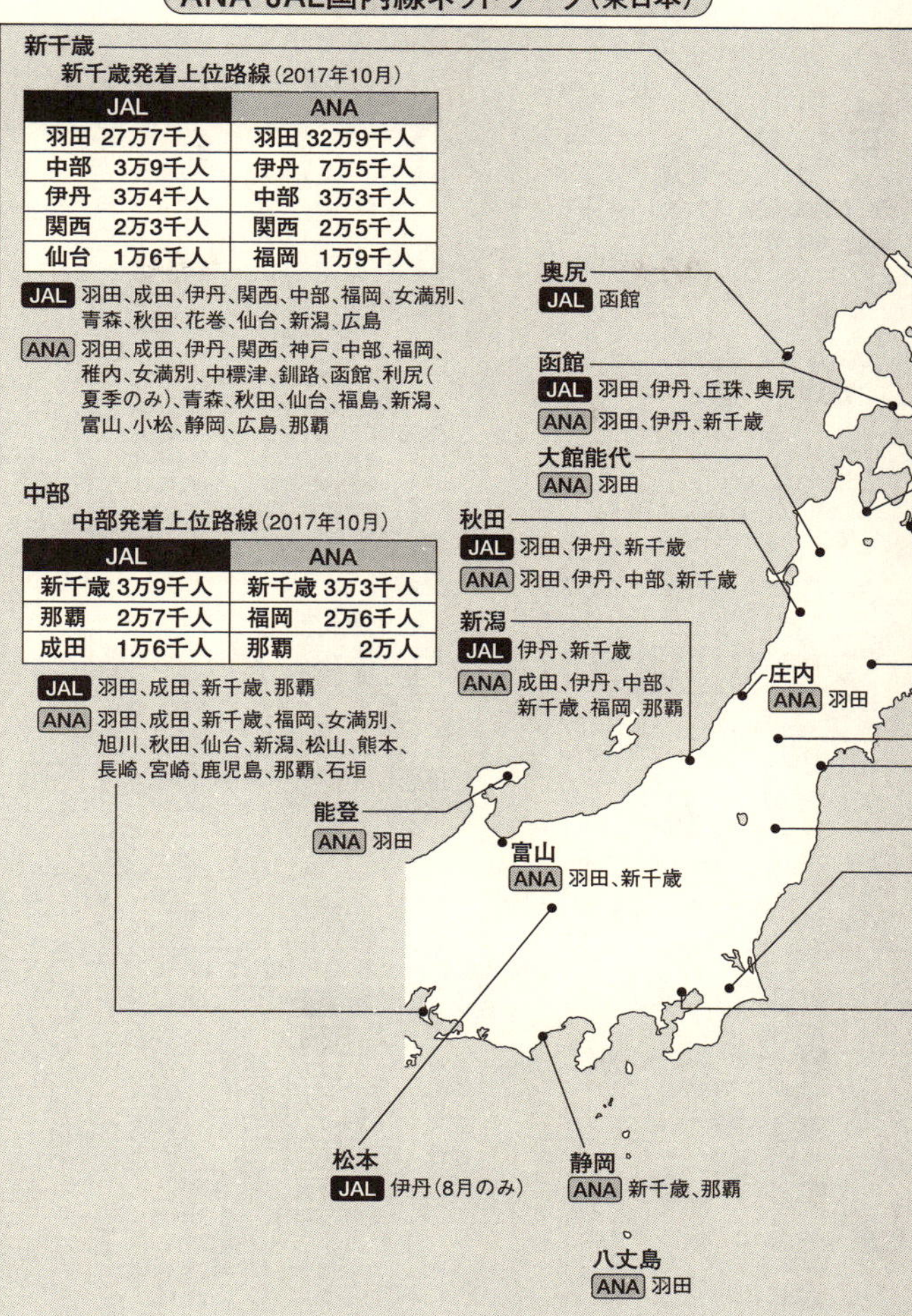

JAL	ANA
羽田 27万7千人	羽田 32万9千人
中部 3万9千人	伊丹 7万5千人
伊丹 3万4千人	中部 3万3千人
関西 2万3千人	関西 2万5千人
仙台 1万6千人	福岡 1万9千人

JAL	ANA
新千歳 3万9千人	新千歳 3万3千人
那覇 2万7千人	福岡 2万6千人
成田 1万6千人	那覇 2万人

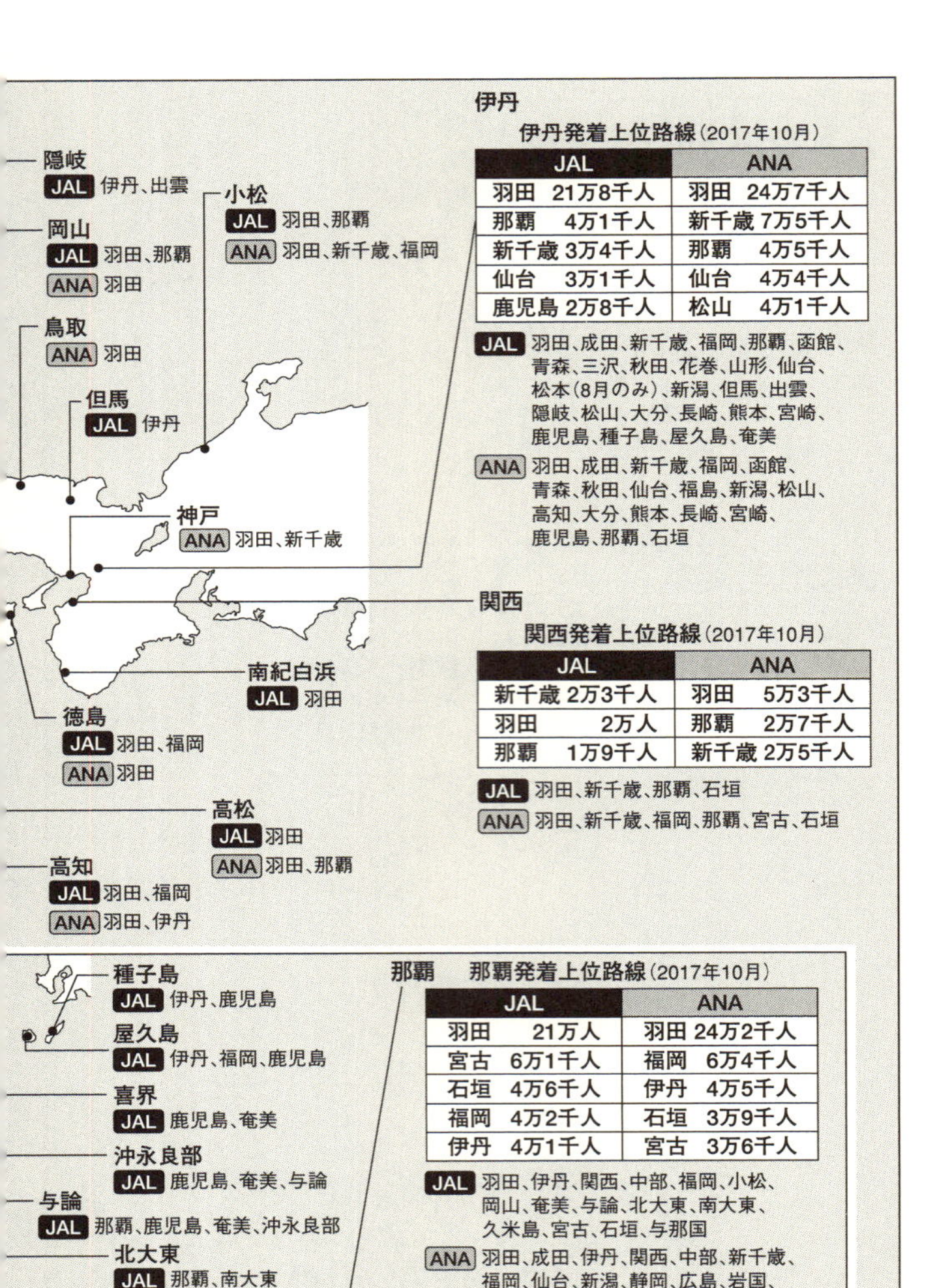

伊丹

伊丹発着上位路線（2017年10月）

JAL	ANA
羽田　21万8千人	羽田　24万7千人
那覇　4万1千人	新千歳 7万5千人
新千歳 3万4千人	那覇　4万5千人
仙台　3万1千人	仙台　4万4千人
鹿児島 2万8千人	松山　4万1千人

JAL 羽田、成田、新千歳、福岡、那覇、函館、青森、三沢、秋田、花巻、山形、仙台、松本（8月のみ）、新潟、但馬、出雲、隠岐、松山、大分、長崎、熊本、宮崎、鹿児島、種子島、屋久島、奄美

ANA 羽田、成田、新千歳、福岡、函館、青森、秋田、仙台、福島、新潟、松山、高知、大分、熊本、長崎、宮崎、鹿児島、那覇、石垣

関西

関西発着上位路線（2017年10月）

JAL	ANA
新千歳 2万3千人	羽田　5万3千人
羽田　2万人	那覇　2万7千人
那覇　1万9千人	新千歳 2万5千人

JAL 羽田、新千歳、那覇、石垣

ANA 羽田、新千歳、福岡、那覇、宮古、石垣

那覇

那覇発着上位路線（2017年10月）

JAL	ANA
羽田　21万人	羽田 24万2千人
宮古　6万1千人	福岡　6万4千人
石垣　4万6千人	伊丹　4万5千人
福岡　4万2千人	石垣　3万9千人
伊丹　4万1千人	宮古　3万6千人

JAL 羽田、伊丹、関西、中部、福岡、小松、岡山、奄美、与論、北大東、南大東、久米島、宮古、石垣、与那国

ANA 羽田、成田、伊丹、関西、中部、新千歳、福岡、仙台、新潟、静岡、広島、岩国、高松、松山、熊本、長崎、宮古、石垣

ANA・JAL国内線ネットワーク(西日本)

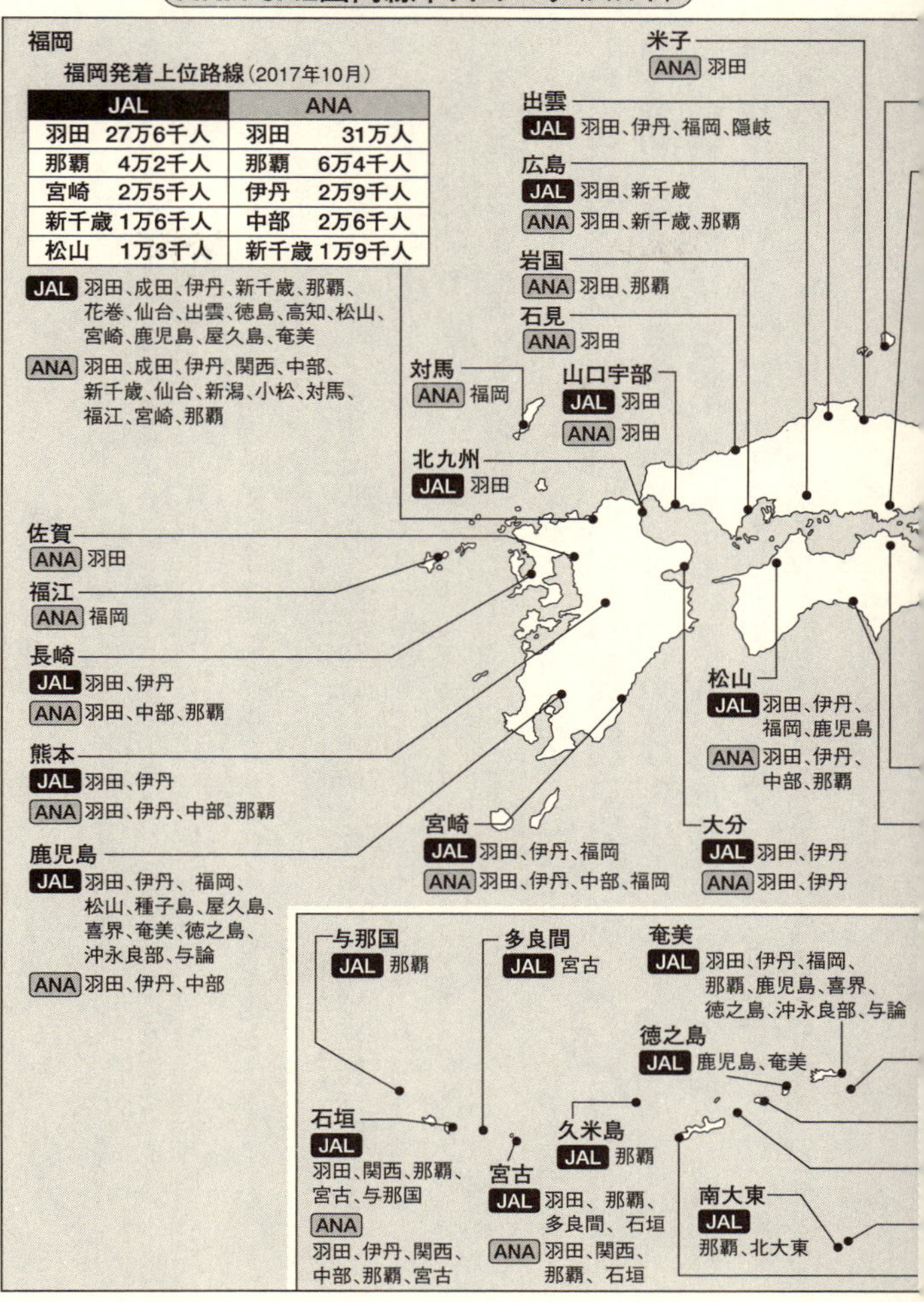

ージ参照）との連携により、きめ細かなネットワークを構築しているほか、北海道路線ではエア・ドゥと、羽田発着の九州路線ではソラシドエアやスターフライヤーと、また地方と地方を結ぶ路線ではＩＢＥＸエアラインズとの強力なコードシェア（2社以上の航空会社が1社の飛行機で旅客の運送を行なうこと）を結んでいる。

つまり、グループ以外の国内キャリアとの連携を含めた戦略を推進してきたのが特徴だ。

いっぽうのＪＡＬも、羽田から新千歳、伊丹、福岡、那覇の4空港を結ぶ路線を最重要路線と位置づけ、ネットワークを構築してきた。羽田からはそれら4拠点を含む34空港に就航。さらに新千歳からは13空港、伊丹から26空港、福岡から15空港、那覇から15空港に運航している。

ＪＡＬは日本エアシステム（ＪＡＳ）との経営統合（45ページ参照）によって拡大した国内線ネットワークの整理と運航の効率化を図るため、グループ会社の有効活用を進めてきた。たとえば沖縄路線では一部の路線やフライトを日本トランスオーシャン航空（61ページ参照）が、地方都市間を結ぶ路線ではジェイエア（60ページ参照）がその役割を担う。ジェイエアは羽田発着の路線も運航するようになった。

九州・沖縄エリアでは、本土と離島を結ぶ路線などで、ＡＮＡはオリエンタルエアブリッジとの緊密（きんみつ）なコードシェアを展開。自社便のネットワークがない路線では、コードシェアによる参入で効率性を高めていこうという姿勢や戦略を読みとることが可能だ。

それに対して、ＪＡＬはこのエリアでもグループ会社である日本エアコミューター（61ページ参照）の運航路線が目立つ。さらに沖縄離島エリアでも、やはりグループ会社の日本トランスオーシャン航空や琉球エアーコミューター（62ページ参照）などが活躍をつづけている。

羽田拠点――3つの旅客ターミナルはどう使い分けられている？

ここでは、国内線の第1と第2、さらに２０１０年（平成22）にオープンした国際線の３つのターミナルの特徴について解説していこう。

国内線第１ターミナルは１９９３年（平成５）９月に開業し、２００４年（平成16）12月に第２ターミナルが完成するまでは、羽田空港を発着する国内線の全便がこのターミナルを使用していた。

羽田空港は「ビッグバード」の愛称で親しまれているが、これはもともと第1ターミナルにつけられたものだ。ターミナルの中央部分にある商業エリア「マーケットプレイス」を鳥の胴体に見立て、そこから左右に大きく翼を広げたような構造であることから名づけられた。

出発階と到着階は鳥の両翼にあたる北ウイングと南ウイングに分かれ、現在はJALグループを中心に発着している。羽田からは国内線の34空港に就航し、出発カウンターを方面別に使い分けているのが特徴だ。北海道や東北、北陸、近畿方面へ向かう人たちは、保安検査場に向かって右手にある北ウイングのカウンターでチェックイン手続きを行ない、反対の南ウイングに並ぶカウンターは中国や四国、九州、沖縄方面への旅行者が利用する。マイレージの上級会員などが使う専用の優先カウンターは両翼に設置されている。

また、北ウイングと南ウイングをつなぐ中央部分には地下1階・地上6階からなるマーケットプレイスがあり、空港というよりはショップやレストランなどが並ぶアミューズメント施設といった雰囲気だ。最上階の6階からは二重構造の展望デッキに出られ、目の前にA滑走路とその先に国際線ターミナルなどが一望できる。

ANAとそのグループであるエア・ドゥ、ソラシドエア、スターフライヤー（北

JALが使用する国内線第1ターミナル出発ロビー

ANAが使用する国内線第2ターミナル出発ロビー

九州便以外）が発着するのが国内線第2ターミナルである。

国内線は羽田から38空港に就航。３つのターミナルのうちもっとも海に近い場所に位置し、ビル５階の展望デッキからはＣ滑走路から飛び立つ航空機や東京湾を望むことができる。

第2ターミナルの出発ロビーは自然光が差しこむ開放的なつくりで、こちらのマーケットプレイスは地下１階から地上５階までを貫く大胆な吹き抜け構造。この吹き抜け部分よりも南側は、増築により２０１０年10月に完成した拡張エリアだ。

さらにターミナル南端（南ピア）では、２０１３年（平成25）４月に旧暫定国際線ターミナル跡地を利用して３か所の搭乗ゲート（71〜73番）が増設され、第２ターミナルの〝進化〟もひとまず完了した。

羽田空港には２０１０年10月に32年ぶりとなる国際定期便が就航し、成田空港とともに首都東京と世界を結ぶ日本の空の玄関口として機能しはじめた。その国際線のベースとなるのが、同年10月21日にオープンした国際線ターミナルである。地上５階建ての真新しいビルは、Ａ滑走路をはさんで国内線のふたつのターミナルと向き合う位置に建てられた。

「都心から羽田へ」という需要は根強く、オープン翌年の２０１１年（平成23）に

国際線ターミナル内のJALカウンター

国際線ターミナル内のANAカウンター

は早くもターミナルビルの拡張が決定。2014年（平成26）3月に従来のターミナル（本館）にT字形につながる形でサテライトが完成し、乗り入れ航空会社や就航便数はいまも増えつづけている。

ターミナル内のデザインも斬新で、商業施設がある4階のメインストリート「江戸小路」は、時代劇の世界に飛びこんだような街並みを再現した。4階から5階へつづく「はねだ日本橋」の前では、海外からの多くの旅行客たちが記念撮影に興じている。

この国際線ターミナルから、ANAは海外の23空港に、JALも14空港にまで翼を伸ばした。

成田拠点――所属するアライアンスごとにターミナルが分かれる

成田空港では3つのターミナルが稼働する。大手航空会社が使用するのは第1および第2ターミナルで、アライアンス（航空連合）ごとにターミナルが分けられた。

そのうちANAが使用するのは、スターアライアンスが集結する第1ターミナルの南ウイングだ。

第1ターミナルでは2016年（平成28）6月から、航空会社カウンターの配置場所を変更するリニューアルが行なわれた。それまで航空会社を問わず搭乗クラスごとにカウンターを配置していたのを、レイアウトを変えて航空会社ごとに。このリニューアルによって、利用者の動線がわかりやすくなり、スムーズなチェックイン手続きが可能になった。

ANAが使用する南ウイングでは固定ゲートの増設も進み、同年3月には第5サテライトに新たにふたつのゲートがオープン。それにより、第1ターミナルの固定ゲートは39まで増えた。出発便ラッシュの時間帯の稼働率が上がり、乗り継ぎなどの利便性が向上している。ANAの成田からの国際線就航都市は34空港に、国内線は7空港に拡大した。

いっぽう、JALが使用するのは、ワンワールドの各社が集結する第2ターミナルだ。第2ターミナルでも、到着フロアのリニューアルが2016年3月に完了。「和の抽象美（ちゅうしょうび）」をモチーフに壁や床の色調（しきちょう）、天井の装飾などのクオリティを高め、日本の空の玄関としてふさわしい空間ができあがっている。

第2ターミナルは本館とサテライトで構成されている。2013年（平成25）ま

ANAが使用する第1ターミナル南ウイング

JALが使用する第2ターミナル

で本館とサテライトをつなぐシャトルシステムが走っていた連絡通路は２０１５年(平成27) ４月に「NARITA SKY LOUNGE 和」として生まれ変わった。サテライトへは動く歩道を使っての移動になったが、その動線内にラウンジを設けてひと息つけるスペースを随所(ずいしょ)に配置。乗り継ぎ時や搭乗前の時間をゆったりとした空間でくつろげるようになった。

第１ターミナル同様、固定ゲートの増設も進み、それまでオープンスポットだった67番と68番スポットを固定ゲートに。国際線、国内線の両方で使用でき、効率よい運用が可能になった。

ＪＡＬは成田から海外31の空港に国際線を、また国内線は７空港に就航している。

オペレーション基地――ＡＮＡは羽田でＪＡＬは本社内で運航を管理

羽田空港の１年間の発着回数は、44・７万回にものぼる。これを３６５日で割ると、１日の平均数は１２００回以上になる計算だ。

さらに24時間で割ると、１時間になんと50回以上！　計４本の滑走路のどこかで、1～2分に1回の頻度で飛行機が離着陸していることになる。そうした忙しさは、成田空港などでも例外ではない。それだけの数のフライトを、航空会社はどう安全にさばいているのか？

航空会社の本社組織のなかで、航空機の運航や航路、空港機能などを地上で包括的・集中的に管理・支援している心臓部が、ＪＡＬではＯＣＣ（オペレーション・コントロール・センター）、ＡＮＡではＯＭＣ（オペレーション・マネジメント・センター）と呼ばれる部署である。

いずれも全世界から24時間休みなく集められる膨大な情報をもとに、数々の分析・判断・情報提供・指示を行なう「指令基地」として機能。その業務の重要性と機密性から、内部は部外者に非公開であるだけでなく、多くの一般社員もアクセスできない特別な場所でもある。

ＪＡＬのＯＣＣは本社ビル（東京都品川区。38ページ参照）の高層階にある。ＪＡＬグループは1日に約１０００便を運航するが、ＯＣＣで取りあつかうのはグループ会社のジェイエア便などを含め国内線約６００便、国際線約１３０便だ。

ちなみに、グループ会社である日本トランスオーシャン航空便や琉球エアーコミューター便は那覇で、日本エアコミューター便は鹿児島でスケジュール統制と運航管理が行なわれている。

延べ約１５０人、常時約１００人近い専門スタッフが24時間体制で勤務するＯＣＣの中央には、空港のライブ映像やフライトの運航情報・気象情報を映し出すモニターを集積した大型の装置が設置され、見るからに指令基地といった雰囲気だ。フロアはセクションごとに分かれ、各デスクにはＰＣや特殊な機器類が並ぶ。フロアの２方向にある大きな窓越しには青空が広がり、羽田空港も遠望できる。

いっぽうＡＮＡグループ機のフライトプランを作成し、運航を見守るＯＭＣは、東京汐留の本社ではなく羽田空港に置かれている。

ここではオペレーションディレクター以下、航空機の運航を支える各部門からのスタッフが集まり、イレギュラーな事態が発生した場合には全体として影響がもっとも小さくなるように対策を決定。また羽田などの主要空港にはＡＭＣ（エアポート・マネジメント・センター）を置き、こちらにも空港内の各部署からスタッフが集められている。

空港内で対応できる問題についてはＡＭＣで対処し、その他の空港などにも広くかかわるような問題についてはＯＭＣで受け持つといった役割分担ができているようだ。

整備基地 ——日々のフライトの安全はどんな態勢で守られている？

羽田や成田など運航の拠点となる空港には、航空機を整備するハンガー（格納庫）をJALとANAそれぞれが設けている。ここでは、それら整備拠点の種類や役割を見ていこう。

その前に、まずは航空機整備の種類について触れておきたい。

旅客機が到着してから、準備を整えてふたたび出発していくまでのあいだに空港の駐機エリアで実施されるのが「ライン整備」である。

ライン整備は目視による点検が基本で、外観に異常がないか、タイヤがすり減っていないかなどをチェックする。ターンアラウンドは、国際線で約2時間、国内線の場合はわずか45分~1時間。機体に不具合が発見されれば、その限られた時間内に修理を終えなければならない。

これに対し、ハンガーに機体を搬入して、より本格的に点検・整備を行なうのが「ドック整備」だ。ドック整備は成田や羽田など主要な空港が舞台になり、飛行時間や期間によって「A整備」「C整備」「M整備」（C整備とM整備は「重整備」とも呼ばれる）に細分化される。

航空会社や機種によっても異なるが、A整備は飛行時間で300〜500時間（または約1か月）ごとに行なわれる。通常はその日のフライトが終わったあとにドック入りし、10人程度の人員で作業を分担。整備に要する時間は8時間程度で、エンジンやフラップ、ランディングギアなどの重要部品のメンテナンスを終えて、翌朝にはハンガーアウトする。

飛行時間で4000〜6000時間、ほぼ1年から1年半に1回実施されるのがC整備。機体各部のパネルを取り外し、細部にわたって入念な点検作業が進められる。1週間から10日を要するC整備は、クルマでいう「車検整備」にあたると考えていい。

そして旅客機の整備のなかでも、もっとも多くの時間と労力をかけるのがM整備だ。これは4〜5年に1回、約1か月かけて進められ、骨組みがむき出しになるまで分解して整備された機体は新品同様に生まれ変わる。

さて、JALとANAの整備拠点はどこにあるか？

JALグループは羽田と成田にハンガーを持つほか、ジェイエアの整備拠点を伊丹に、日本トランスオーシャン航空と琉球エアーコミューターは那覇に、日本エアコミューターは鹿児島に、北海道エアシステムは札幌丘珠に展開している。

　ＪＡＬグループで一般の人たちを対象にした工場見学を実施しているのは羽田空港のハンガーだ。その集合場所となっているＭ１ビルは、かつて日本エアシステムが使用していたもの。ここでは現在、主に航空機の重整備が実施されている。

　ＡＮＡグループでは、最近まで羽田と成田、伊丹の３空港のハンガーで重整備までを行なっていた。しかし現在は、成田や伊丹のドック整備部門は羽田に集約され、エンジン整備や装備品整備の専門工場も併設している。伊丹空港のハンガーはＡＮＡが１００パーセント出資した整備事業会社ＭＲＯジャパン（65ページ参照）が使用することになった。

　また、グループ会社のＬＣＣであるピーチ・アビエーション（67ページ参照）は拠点の関西空港にハンガーを所有しているが、ここで実施されるのは到着便の次の出発までのあいだに行なうライン整備のみで、重整備は外部の専門会社に委託している。

2章

◉企業理念、グループ企業、LCC戦略…

会社・組織の違いを読みとく

本社——巨大カンパニーの中枢は汐留と天王洲アイルに

サラリーマンの姿を多く見かける新橋の周辺でも、最先端のオフィスビルが軒を連ねる汐留エリアに本社を置くのがＡＮＡだ。

43階建ての汐留シティセンターに２００３年（平成15）よりＡＮＡが入居。当時の汐留エリアでは大規模な再開発プロジェクトが進み、三井不動産がマネジメントするこのビルの竣工とともにＡＮＡも本社機能の移転を決定した。持ち株会社であるＡＮＡホールディングスや子会社の全日空商事なども、同じ汐留シティセンターに同居している。

ＡＮＡの総合受付は33階にあり、取材で訪れると受付の女性スタッフがいつも笑顔で迎えてくれる。

その新橋からＪＲ山手線でひとつめの浜松町駅。そこから東京モノレールに乗り換え、天王洲アイル駅で降りると、右手前方に見えてくるのがＪＡＬの本社がある野村不動産天王洲ビルだ。

鹿島建設が施工した26階建ての大型オフィスビルで、竣工は１９９６年（平成８）。

ANAの本社がある汐留シティセンタービル

JALの本社がある野村不動産天王洲ビル

もともとはJALの自社社屋として建設されたが、経営悪化により2004年（平成16）に本社ビルを野村不動産に売却し、テナント入居という形をとって現在に至っている。同じワンワールドアライアンスで緊密な事業パートナーであるアメリカン航空の東京オフィスも、2011年（平成23）に同じビルへ移転した。

前述したように、JALが航空機の運航や航路、空港機能などを地上で包括的・集中的に管理・支援しているOCC（32ページ参照）もこのビル内にある。

経営トップ――経済学と航空工学、異なるバックグラウンド

ANAの代表取締役社長は、平子裕志氏だ。

東京大学経済学部を卒業後、1981年（昭和56）に入社。営業部門や財務部門を歩んできた。2012年（平成24）からの3年間は、米州室長としてニューヨーク支店長を兼務する形での駐米経験も持つ。

帰国後の2015年（平成27）に取締役執行役員（経理部担当）に就任し、2017年（平成29）4月に現ANAホールディングス取締役副会長の篠辺修氏から

引き継いでＡＮＡの社長に。

就任時のメディアからのインタビューで「本当はパイロットになりたかったが、視力の関係でなれなかった。（新社長としての抱負は）顧客満足と価値創造で、世界のリーディングエアラインになる。ＡＮＡホールディングスと連携を取りながら、ＡＮＡの経営を率いていきたい」と語っていたのが印象的だ。

いっぽうのＪＡＬは、２０１８年（平成30）４月に新社長となった赤坂祐二氏が率いる。

赤坂氏は、東京大学大学院の工学系研究科航空学専攻を修了後、１９８７年（昭和62）４月に技術系総合職（現在の業務企画職技術系）としてＪＡＬに入社した。

入社後は整備士として現場で機体整備に従事し、２００９年（平成21）４月に安全推進本部部長兼ご被災者相談部長、２０１４年（平成26）４月に執行役員整備本部長とＪＡＬエンジニアリング社長に就任。２０１６年（平成28）４月に常務執行役員に昇格した。

ボーイング７４７－４００の機長でもあった植木義晴前社長から引き継いだ形だが、植木氏は赤坂氏を選んだ理由について「長年にわたり整備や安全を担う部門で力を発揮し、安全運航の堅持に貢献してきた。そのリーダーシップをＪＡＬの経営という面でも大きく活(い)かすことのできる人物」と説明している。

企業理念――社員が共有している行動指針とポリシーとは？

ＪＡＬには大切な行動指針がある。２０１１年（平成23）１月にできた、40項目からなる「ＪＡＬフィロソフィ（ＪＡＬの哲学）」だ。

「人間として何が正しいかで判断する」
「地味な努力を続ける」
「一人ひとりがＪＡＬ」
「採算意識を高める」
「最高のバトンタッチ」

ＪＡＬフィロソフィには、そういった行動指針が盛りこまれている。当たり前のことが並んでいると思えるかもしれないが、じつはそれをつねに実践(じっせん)しようとすると、とても難しい。

社内ではＪＡＬフィロソフィをベースにした「ＪＡＬフィロソフィ教育」という

研修が年３回実施され、全員が参加する。それ以外にも「ＪＡＬフィロソフィ発表大会」などを開催。「ＪＡＬフィロソフィに基づき、業務上でこのような行動をとるようになった」という事例を全グループから募集し、発表している。

ＡＮＡの社内にも、社員たちが共通して使うキーワードがある。よく聞くのが「あんしん、あったか、あかるく元気！」。この言葉は２００４年（平成16）に社内に発足したＣＳ（顧客満足）を重視した活動「ひまわりプロジェクト」により、産声をあげた。

当時のＡＮＡが探していた「ＡＮＡらしさ」は、ひまわりの絵にたとえられた。利用者は太陽、社員はそれに向かって咲きつづけるひまわりだ。現在もこの言葉はグループ行動指針（ANA's Way）として掲げられている。グループに属する全社員が持つべき心構えとして、

・安全
・お客様視点
・社会への責任
・チームスピリット
・努力と挑戦

以上の5つの軸が行動指針となり、今日まで変わらずANA社員たちのモットーになっている。

創業からの歩み——両社はいかにしてビッグ2へと成長したのか？

JALの創業は1951年（昭和26）、ANAはJALから1年遅れてスタートした。両社の創業からの歩みを振り返ってみよう。

JALの前身である旧「日本航空株式会社」は、1951年8月1日に設立された。日本の民間航空活動は終戦以降、連合国軍最高司令官総司令部（GHQ）の命令により全面的に禁止されていた。いわば日本の航空界の「空白の期間」である。

GHQ政策が一転するのは、朝鮮戦争をはじめとする東西対決の影響が強まりつつあった1950年（昭和25）。国内資本の航空事業が許可され、航空運送事業の免許申請の意向を示していた数社が行政指導により最終的に一本化された形で、翌年8月に日本航空株式会社が産声をあげた。

政府主導の半民半官体制（1987年〈昭和62〉に完全民営化）で、その後もしばらくは事実上の米国支配がつづく。設立時の本社が置かれたのは銀座8丁目——かつての銀座日航ホテルがあった場所で、社員数わずか39名でのスタートだった。

記念すべき初飛行は8月27日で、フィリピン航空からチャーターしたダグラスDC－3（金星号）に運航関係や報道関係の招待客を乗せて3日間にわたり東京周辺のデモフライトを実施。そして同年10月15日に、マーチン202（もく星号）が羽田～伊丹（大阪）～板付（福岡）の3都市間を結ぶ路線を飛行し、戦後初の国内定期便の運航がスタートした。

ＪＡＬは2004年（平成16）に日本エアシステム（ＪＡＳ）と経営統合している。ＪＡＳも多くの航空会社が合併してできた会社だった。1964年（昭和39）に日東航空と富士航空、北日本航空が合併して「日本国内航空」となり、1971年（昭和46）には東亜航空と合併して「東亜国内航空」に。1988年（昭和63）に「日本エアシステム」と社名を変更し、のちにＪＡＬと結びつくことになる。

ＪＡＬはそうした経緯をたどりながら、大空に向けて離陸した。国内線就航後は国際線への進出や大型ジェット機による大量輸送の時代を経て、世界でも有数のエアラインとして成長。さらに経営不振と破綻、再生へと波瀾万丈の道を歩むことになるのだ。

JALの歩み

年	主な出来事
1951年	旧・日本航空株式会社設立。戦後初の国内民間航空営業開始
1953年	日航法にもとづく、日本航空株式会社設立
1954年	東京～サンフランシスコ線を開設。国際線定期輸送を開始
1960年	初のジェット旅客機であるダグラスDC－8型航空機が就航開始
1965年	社章を「鶴丸」に変更し、社員バッジとして制定
1970年	ボーイング747型航空機(ジャンボジェット)の就航開始
1972年	ボーイング747型機、国内線初の定期便として東京～沖縄(那覇)線に就航
1983年	国際航空輸送協会(IATA)統計で旅客・貨物輸送実績世界一に
1987年	日航法廃止により、完全民営化
1991年	国内線自動チェックイン機稼動開始
2004年	日本航空が日本航空インターナショナルに、日本エアシステムが日本航空ジャパンに社名を変更し再編、JAL・JAS完全統合体制発足
2007年	グローバルアライアンスである「ワンワールド」に加盟
2010年	会社更生手続の申立にともない、株式会社日本航空が証券取引所市場第一部から上場廃止。羽田空港に32年ぶりの国際線定期便復活
2011年	ボーイング747－400型機が国際線から退役。前年より進められてきた会社更生手続を終結。新役員体制を発表。JALグループ、新ロゴマーク「鶴丸」で正式始動
2012年	東京証券取引所市場第一部に再上場。破綻から2年8か月での株式上場
2014年	「国内線ファーストクラス」をボーイング767型機に導入

※JALホームページを参考に作成

いっぽうのANAは、1952年（昭和27）に「日本ヘリコプター輸送」として創業。現在も便名に使われる2レターコード「NH」は、前身であるこの社名に由来する。その名のとおり、ANAはヘリコプターによる航空事業からスタートした。しかし、初期に使われていたレオナルド・ダ・ヴィンチが発明したヘリコプターを図案としたロゴマークには、英語で「ジャパン・ヘリコプター&エアプレーン（飛行機）・トランスポート」と記されている。つまり、会社発足当初から飛行機による輸送事業も視野に入っていたわけだ。じっさい、創業翌年の1953年（昭和28）には飛行機による貨物輸送を、その1年後には旅客輸送を開始した。

日本ヘリコプター輸送は1958年（昭和33）に極東航空と合併して日本全国に路線を広げ、その過程で社名も現在の全日本空輸に。そして1963年（昭和38）には藤田航空を、1965年（昭和40）には中日本航空の定期航空部門を、さらに1967年（昭和42）には長崎航空の定期航空部門をも吸収して、輸送人員の規模としてはJALを上回る日本最大の航空会社になった。

ANAはその後も定期便としては国内線のみを運航していたが、1986年（昭和61）にはいよいよ定期国際線にも進出する。その後、1999年（平成11）にはスターアライアンスに加盟し、2004年（平成16）度には念願の国際線黒字化を

ANAの歩み

年	主な出来事
1952年	日本ヘリコプター輸送株式会社(日ペリ)設立
1953年	東京〜大阪間の貨物郵便運航開始、日本人操縦士による戦後最初の定期便
1954年	東京〜大阪間の旅客、貨物便、運航開始
1957年	日ペリ・極東航空、合併に先だち商号を「全日本空輸株式会社」と変更
1959年	東京〜大阪間直行便、運航開始
1963年	藤田航空を吸収合併
1965年	中日本航空の定期航空部門を吸収
1967年	長崎航空の定期航空部門を継承
1969年	全機種の機体塗装をモヒカンルックに決定
1982年	創立30周年。新塗装の機体がデビュー
1986年	初の国際定期便、東京〜グアム線の運航開始
1998年	エアバスA321、日本初就航
1999年	グローバルアライアンスのひとつ「スターアライアンス」に正式加盟
2004年	ANA、エアーニッポン、エアーニッポンネットワークの国内路線全便を対象に、便名を「ANA」に統一
2006年	国内線でチェックイン不要の新搭乗サービス「スキップサービス」を開始
2008年	世界で初めて貨物専用機767−300BCFを受領。国内線プレミアムクラス導入
2009年	「沖縄貨物基地」から、アジア域内主要8都市を深夜便で結ぶ、新・航空ネットワーク開始。特別塗装機「ANAモヒカンジェット」が20年ぶりに復活

※ANAホームページを参考に作成

達成。世界に誇る航空会社に成長した。

国際線初就航——JALはDC-6Bで米西海岸へ ANAはトライスターでグアムへ

それまで機材もパイロットも外国航空会社からのリースで運航していたJALに初の社有機となるダグラスDC-4「高千穂(たかちほ)号」が到着したのは、1952年(昭和27)9月だった。数日後には同じDC-4の「白馬号」も羽田に舞い降りる。「十勝」「榛名(はるな)」「阿蘇」「穂高(ほたか)」など数機に増えたDC-4は国内の各路線で活躍し、そして1953年(昭和28)9月15日には、いよいよ国際線を飛ばすための4発プロペラ機DC-6Bの1号機が到着した。

DC-6BはDC-4の発展型で、同じプロペラ機ながら巡航(じゅんこう)速度は100キロ増して時速450キロに。現在のジェット機は時速約900キロ前後だから、半分強までのレベルに達していたことになる。尾翼(びよく)に日の丸をデザインした1号機は「シティ・オブ・トウキョウ」と命名された。

社内では目標だった国際線進出への機運が高まっていた時期で、9月15日は多くの社員にとって「忘れられない感動的な1日」になったという。ニューヨークやシカゴなど海外営業所の開設準備も着々と進んでいた。

国内線の就航から2年半後の1954年（昭和29）2月2日、JALはDC－6Bによる念願の国際定期便を開設した。羽田〜サンフランシスコを結ぶ太平洋路線で、週2往復でのスタートだ。途中、北太平洋のウェーキ島とハワイを経由し、サンフランシスコまでは羽田から31時間かけてのフライトだった。

就航時はファーストクラスのみの設定で、36席を設置。運賃は片道650USドル――日本円（1ドル＝360

ダグラスDC−6B「シティ・オブ・トウキョウ」(写真提供:JAL)

円）に換算すると23万4000円という高額で、これは当時の公務員初任給の26倍強に相当する。初便の乗客は21人、その大半が招待客だった。

多くの人にとって飛行機はまだまだ特別な乗り物だった時代であり、多難な船出だったが、それでも国際線就航から2か月後には、太平洋路線にツーリストクラス（現在のエコノミークラス）が新設されて旅客数も少しずつ増加。翌1955年（昭和30）には早くも黒字に転じている。DC－6Bの後継機として導入したDC－7Cでは、桐（きり）で仕切られた和風の客室をつくってシートもゆったりと配置し、着物を着た客室乗務員によるもてなしが話題を集めた。

いっぽうのANAは、1952年に創業して以来、前述したようにしばらくは国内線を専門に運航する航空会社として活動をつづけてきた。国際定期便の初就航は、JALから遅れること32年――1986年（昭和61）3月3日の成田～グアム線だった。その大役を果たした機種がロッキードL－1011トライスターである。

ANAのトライスター1号機が羽田に到着したのは、1974年（昭和49）2月。そして翌3月に、羽田～那覇線に就航する。当時の機体塗装は、機首から尾翼にかけて延（の）びる青いラインが〝モヒカン刈（が）り〟のように見えることから、多くのファンたちに「モヒカンジェット」の愛称で親しまれたデザインだ。最盛期には21機が国内の空を飛び、1980年代には看板旅客機の座をジャンボ機ボーイング747に奪われてしまったものの、それでもトライスターは主力機でありつづけた。

成田空港での国際線新規就航セレモニーで、当時の中村大造ANA社長は満面に笑みを浮かべて「創業以来の夢がやっと実現した」と語った。その思いは、どの社員にとっても同じだったに違いない。乗務した客室乗務員たちは、のちに「訓練用のモックアップもなかった時代で、乗務前には模造紙に線を引いて設備を再現し、外国の航空会社のインストラクターの指導のもとで訓練をつづけた」と話している。

グアム行き一番機の出発式でテープカットを行なう関係者たち（写真:時事）

就航当日は多くの関係者たちが拍手で見送るなか、乗客２８７人を乗せたトライスターはグアムに向けて力強く離陸した。

機体塗装——時代とともに、どんなリニューアルを遂げてきた？

ＪＡＬの機体に描かれた黒い「JAPAN AIRLINES」の文字と、尾翼の赤い鶴丸マーク。日本だけでなく世界でも知られるこのデザインが完成するまでにも、歴史があった。

伝統あるＪＡＬの鶴丸がリニューアルして復活したのは、２０１１年（平成23）2月だ。前年の経営破綻から1年、新生ＪＡＬの第一歩を踏み出す新しい象徴としてのロゴマークが発表された。

新塗装の初号機となったのは、国際線用のボーイング７６７ー３００ＥＲだった。真っ白なボディに、太い黒字で力強く描かれた「JAPAN AIRLINES」の社名。尾翼には、日本古来の鳥で、和を代表する文様のひとつである「丹頂鶴」をモチーフとした伝統の鶴丸マークがくっきりと描かれた。

マスコミ各社は「鶴丸の復活」と報じたが、じつは過去にあった同じ鶴丸を再現したわけではない。新鶴丸は旧鶴丸と比較して、たとえばツバサの切れこみが深くなっている。白抜きのＪＡＬの文字は太い斜体（しゃたい）を採用し、どっしりとした安定感とスピード感を増した印象だ。この新ロゴのデザイン制作は外部に頼ることなく、すべて社内で行なわれた。

ここで、全6代にわたるＪＡＬの機体塗装の歴史を振り返ってみよう。

日本の空がまだ占領下に置かれていた当時、米国ノースウエスト航空から乗員とともにリースしたマーチン２０２の塗装が初代とされるが、これはＪ

新しい「鶴丸」が白い機体に映える6代目塗装機

ＡＬにとってはあくまで暫定的なデザインだったといっていい。

１９５２年（昭和27）に自社運航のダグラスＤＣ－４が導入されたときの２代目が、ＪＡＬの最初の正式塗装である。機体の前部に鶴丸ロゴが入り、窓の部分に赤い２本のラインと青のラインが描かれた。

１９７０年（昭和45）、初期のボーイング７４７の導入時に採用された3代目の塗装で、尾翼の鶴丸マークは多くの人たちに知られるようになる。空の大量輸送が幕を開けた時代だった。

4代目は１９８９年（平成元）の７４７－４００導入に合わせて採用され、伝統の鶴丸とともに、ボディにはアメリカの大手デザイン会社ランドーアソシエイツによるロゴが大きく配された。当時の資料には「黒い文字で『誠実さ、堅実さ』を、赤で『燃える情熱』を、グレーで『躍動感・スピード感』を表現した」とある。

２００２年（平成14）の日本エアシステム（ＪＡＳ）との経営統合を機にリニューアルされた5代目は、それまでのデザインとは一変した。「太陽のアーク」として知られるロゴで、ボディには「ＪＡＬ」の黒文字に太陽をあらわす赤と銀のアークを、垂直尾翼には日の丸のイメージを配置。先代と同じランドーアソシエイツが手がけた。鶴丸の消滅と同時に「ＪＡＳの〝レインボーカラー〟がなくなるのがさ

「鶴丸」が初めて尾翼に描かれた3代目塗装機

747−400導入と同時に採用された4代目塗装機

びしい」という声も多かったと記憶している。

その5代目も、2010年（平成22）の経営破綻で役割を終えた。そして1年後に、伝統の鶴丸マークが力強さを増してよみがえったのである。

新しい鶴丸を描いた初号機の767―300ERは、機体を報道陣に披露した2011年2月28日の午後、ロゴリニューアルを記念したチャーターフライトとして「丹頂の里」として知られる北海道・釧路へ向けて羽田を飛び立っていった。

ANA機の塗装の基調カラーは、さわやかな青だ。「トリトンブルー」と命名されており、誕生は創立30周年を迎えた1982年（昭和57）12月。翌年に予定

写真：3点ともチャーリィ古庄

「太陽のアーク」ロゴが登場した5代目塗装機

されていたボーイング７６７の外装デザインの変更を機に、ロゴが刷新された。

「トリトン」はギリシア神話に登場する海神だ。ほら貝を吹いて「波と風を鎮めえる神」として神話のなかに描かれ、ディズニーアニメ『リトル・マーメイド』にも海を治める王として登場する。ＡＮＡの「トリトンブルー」には、海と空の違いはあるものの、このギリシア神話にあやかって「飛行機の運航の無事と安全」を願う気持ちが込められた。トリトンブルーの機体デザインはＡＮＡの象徴として国内はもちろん、いまや世界に広まっている。

ところで前項でも触れたように、現在のトリトンブルーが登場するまでは「モヒカンジェット」と呼ばれたデザインがＡＮＡ機のシンボルだった。

ＡＮＡは１９６４年（昭和39）5月にボーイング７２７－１００を就航させ、ジェット時代に突入。１９６９年（昭和44）９月には保有する全機種の機体塗装をモヒカンルックにすることが決定された。機首から尾翼にかけて青いラインが延びる特徴的なデザインは、いまでもファンが多い。このデザイン機が活躍した１９６９年から１９８９年までの20年間は、ちょうど日本経済の高度成長期にあたり、旅行者にとっても夢が大きく広がった時代である。

機体の垂直尾翼にはルネサンス期の巨匠、レオナルド・ダ・ヴィンチが発明した

かつてのANA機のシンボル「モヒカンジェット」(写真:チャーリィ古庄)

現在は「トリトンブルー」がANAグループの象徴に

ヘリコプターを図案とするロゴマークが描かれていた。

ＡＮＡは２００９年（平成21）12月に、キャンペーン用として特別塗装のモヒカンジェットを復活させた。同機は２０１４年（平成26）まで日本の空をふたたび飛び、往年のファンを大いに喜ばせた。

グループエアライン——基幹路線と地域路線を各社で分担しながら運航中

尾翼に赤い鶴丸マーク——それがＪＡＬの機体の象徴であることは前項で述べた。しかし、ＪＡＬではない名称の会社も、同じデザインの旅客機を飛ばしている。ＪＡＬグループは現在、何社で構成されているのだろうか。

現在は、国際線と国内の基幹路線を運航するＪＡＬと、地方を拠点に国内線やローカル路線を展開するジェイエア、日本エアコミューター、日本トランスオーシャン航空、北海道エアシステム、琉球エアーコミューターの計6社でグループを構成している。以下、グループ各社の特徴を見ていこう。

大阪・伊丹空港を拠点に地方都市を結ぶ路線をエンブラエル１７０や同１９０な

どで運航するのがジェイエアだ。秋田や仙台などの東北路線も多い。待望の国産ジェット旅客機ＭＲＪ（120ページ参照）もジェイエアが運航することが決まっている。

日本エアコミューターは鹿児島を拠点に、もともとは鹿児島と離島を結ぶエアラインとしてスタート。現在はＪＡＬのコミューター路線を担い、本州へも路線網を広げている。運航機材はＡＴＲ42やサーブ３４０Ｂなどだ。

日本トランスオーシャン航空は１９６７年（昭和42）に南西(なんせい)航空として創業し、１９９３年（平成５）に社名を変更した。現在は那覇をベースに、ボーイング７３７－４００や同－８００

那覇をハブ空港とする日本トランスオーシャン航空

などを使って沖縄県内や離島と本土を結ぶ路線で活躍している。

サーブ３４０という小型プロペラ機を駆使（くし）して北海道の地域航空ネットワークを担うのは北海道エアシステム。２０１１年（平成23）３月にいったんはＪＡＬグループを離れたが、２０１４年（平成26）10月からふたたびグループに戻っている。２０１５年（平成27）５月には鶴丸塗装のサーブ３４０も飛びはじめた。

最後にもう1社。沖縄の那覇を拠点に、船では移動に時間がかかりすぎる離島やジェット機が就航できない島々を地域の足として小型プロペラ機で結んでいるのが琉球エアーコミューターだ。ボンバルディアＤＨＣ－８－Ｑ４００ＣＣで運航している。

つづいてＡＮＡグループを見ていこう。

ＡＮＡグループもこの何年かで大きく変化。かつて活躍したエアーニッポンやエアーネクストは統合され、現在は中核のＡＮＡを含む3社にグループが統合された。ＡＮＡが現在、フルサービスキャリアとしてグループを形成するパートナーは、エアージャパンとＡＮＡウイングスの2社だ。

エアージャパンは、グループのなかで主にアジア・リゾート路線を担う。成田をメインベースに、ホノルル線のほか台北、香港、上海、ヤンゴン、バンコク、ホーチミンなどの中近距離路線にネットワークを展開。また那覇空港に開設した沖縄貨物ハブ（70ページ参照）を中心にアジア各都市を結ぶ貨物便をボーイング767で運航する。

いっぽうのANAウイングスは、2010年（平成22）10月にエアーニッポンネットワーク、エアーネクスト、エアーセントラルの3社が統合して誕生。北海道から沖縄まで全国のローカル路線をボンバルディアDHC－8－Q400やボーイング737などの小型機で担っている。

運航するのは羽田、成田、伊丹、関西、中部、新千歳、福岡、鹿児島、那覇の主要空港から全国各地への便と石

全国の地方路線を担うANAウイングス

垣空港から那覇や福岡、中部へと飛ぶ便だ。またＭＲＪ導入後はＡＮＡウイングスが運航会社になる。

グループ企業――ともに約150の会社がフライトを陰から支える

ＪＡＬもＡＮＡも、ともに150社前後のグループ企業を傘下（さんか）に持つ巨大カンパニーである。日々の安全なフライトを支える整備部門や、スムーズな運航を実現するグランドハンドリング、空港で利用者の最初のサービスにあたる旅客サービスなどの業務も分社化してきた。

主だったグループ会社を見ていこう。

ＪＡＬグループの運航機材の整備を中心となって担当しているのは、ＪＡＬエンジニアリングだ。かつて羽田空港を拠点とした整備会社、ＪＡＬ航空機整備東京と成田空港を拠点にしていたＪＡＬ航空機整備成田、エンジンの整備を専門に行なっていたＪＡＬエンジンテクノロジー、アビオニクス（電子機器）の専門整備を担当していたＪＡＬアビテックが統合して、ＪＡＬエンジニアリングとなった。

貨物や機内食の積みこみや給油作業などのグランドハンドリングを担うのは、羽田と成田をベースとするJALグランドサービスと、そのグループ会社として主要空港を拠点とするJALグランドサービス大阪、同札幌、同九州などだ。

空港カウンターでのチェックイン業務やゲート業務、ラウンジ業務などの旅客サービスにあたる会社も主要空港ごとに置かれている。羽田と成田を担当するJALスカイのほか、JALスカイ大阪、同札幌、同九州、同金沢、同仙台などに分かれて各空港で活躍。またJALスカイエアポート沖縄では旅客サービスのほか、グランドハンドリング業務も手がけている。

ANAグループの運航機材の整備は、業務の種類によっていくつかに分担して進められる。ドック整備を担当するANAベースメンテナンステクニクス、ライン整備を受け持つANAラインメンテナンステクニクス、エンジン整備を専門に担うANAエンジンテクニクス、装備品や搭載システムを整備するANAコンポーネントテクニクスといった具合だ。

ANAはこのほかにMRO（メンテナンス・リペア・オーバーホール）を受託(じゅたく)して行なう整備事業会社MROジャパンも立ち上げ、現在は大阪・伊丹空港を拠点に事業を展開。将来的には那覇空港にも拠点の拡大をめざしている。

空港でのグランドハンドリング業務と旅客サービス業務は近年、その体制が変わった。以前はそれぞれに専業会社が担当していたが、現在は空港ごとに置かれた会社によって運航支援や貨物業務も含めて一体的に行なうようになっている。羽田ではANAエアポートサービスが、成田ではANA成田エアポートサービスが設立された。

以上、整備とグランドハンドリング、旅客サービスの3つの業務を中心に紹介したが、両社を構成するグループ会社はそれだけにとどまらない。貨物事業や機内食事業、旅客販売、金融・カードなど幅広い分野でグループ会社を組織。前述したように、その数は150社前後にも達するのである。

LCC戦略——人気の格安航空会社を活用するための施策とは？

欧米やアジアでLCC（ローコストキャリア）が旋風（せんぷう）を巻き起こしていた2012年（平成24）、日本でも和製LCCが産声をあげ、この年は「日本のLCC元年」と呼ばれるようになった。

同年３月に国内線でデビューしたピーチ・アビエーション（以下ピーチ）につづき、７月にはジェットスター・ジャパンが、８月にはエアアジア・ジャパンが運航をスタート。これら和製ＬＣＣもその後、海を越え、アジア各地に舞い降りていく。高級志向に走る大手と、格安を前面に打ち出すＬＣＣと――その二極化が進むなかで「いっぽうの極であるＬＣＣもうまく活用しない手はない」と考える利用者を取りこみ、成長していった。

関西空港に本社を置くピーチは、ＡＮＡと香港の投資会社などが共同で設立したＬＣＣだ。ＡＮＡが研究をつづけて模索してきた「日本にふさわしいＬＣＣ」を具現化した航空会社といえるだろう。

さらにＡＮＡは日本進出を狙うマレーシアの雄、エアアジアと共同でエアアジア・ジャパンも設立した。しかし海外のビジネススタイルを崩そうとしない姿勢が日本市場ではあまり受け入れられず、翌年には提携を解消。エアアジア・ジャパンは２０１３年（平成25）末に、ＡＮＡの完全子会社であるバニラエアに生まれ変わる。バニラエアはリゾート路線に特化した新しいタイプのＬＣＣとして、人気を集めていった。

なお、ＡＮＡホールディングスはピーチとバニラエアを、２０１９年度末をめどに経営統合すると発表。バニラエアの機体はすべてピーチ塗装に塗り替えられ、新生ピーチとして再始動する。ピーチの拠点は関西空港、バニラエアの拠点は成田空港だが、この統合によって新生ピーチは首都圏と近畿圏の両方に強いＬＣＣとなるだろう。

いっぽうのＪＡＬは、オーストラリアのカンタス航空などと共同でジェットスター・ジャパンを設立した。もともと国際派ＬＣＣとして多くの実績を重ねてきた経験を活かし、旅客獲得数では国内最大規模を誇る。

成田をベースとするこのジェットスター・ジャパンとのあいだで国際線旅客を対象にコードシェアを実施しているのが、ＪＡＬの特徴だ。ＪＡＬは成田からの国内線は主要幹線だけにとどめ、発着枠の拡大で新規路線が活発なＬＣＣとの提携を強化して国内線と国際線の乗り継ぎ需要を獲得。「成田は遠い」と思っている旅客も、国内線と国際線、あるいは国際線から国際線への乗り継ぎができるなら使い勝手が悪くない。

そうしたネットワークの維持強化を図っているのが、ＪＡＬの成田におけるＬＣＣ戦略と言えるだろう。

関西国際空港を拠点とする「ピーチ・アビエーション」

「ジェットスター・ジャパン」は成田をベースに就航中

貨物戦略――専用機を駆使するＡＮＡ　旅客機の貨物室を活かすＪＡＬ

広大なネットワークを有するＡＮＡグループは、その路線網と旅客機の貨物室、さらに貨物専用機を駆使してさまざまなニーズに応えてきた。

貨物事業会社「ＡＮＡカーゴ」が営業をスタートしたのは、２０１４年（平成26）である。ボーイング７６７‐３００を改造した貨物専用機（フレイター）７６７‐３００Ｆと旅客便の貨物スペースの双方を活用。全国各地から旅客便で運んできた貨物を、ハブである沖縄で貨物機に積み替え、そこからさらに目的地へ運ぶといった方法がとられている。

とくに貨物の輸送に特化した24時間体制のハブ拠点を沖縄に設置しているのがＡＮＡカーゴの特徴だ。便数の多い首都圏の空港をハブと位置づけるのはよくあることだが、那覇空港を選んだエアラインはＡＮＡしかない。アジアの中心に位置し、多くの主要都市へ４時間程度でアクセスできるのが沖縄の地理的な利点である。

日本を含むアジアの主要都市を22時～24時に出発する運航スケジュールでは、沖縄への到着便は午前３時半ごろにピークを迎える。この時間帯、那覇空港には10機近い貨物機が並び、ここで貨物の積み替えが行なわれると、午前5時前後には日本各地やアジア諸国へ向かって飛び立っていく。深夜や早朝に出発する貨物ハブを置くことで、生鮮食品などを翌朝には現地へ届けることが可能になり、送り主と荷主の両方に大きなメリットを与えているのだ。

貨物専用機を駆使するＡＮＡに対し、２０１０年（平成22）11月より旅客機の貨物スペースの活用に特化した形で貨物事業を進めているのがＪＡＬである。国内貨物の拠点を羽田に、国際貨物の拠点を成田に置き、それぞれグループ会社のＪＡＬグランドサービスとＪＡＬカーゴサービスが業務を担

専用機で効率のよい運送を行なう「ANAカーゴ」（写真:チャーリィ古庄）

ってきた。

国内貨物を取りあつかうＪＡＬカーゴの「国内貨物営業所」は、北海道から沖縄まで全国50か所以上にあり、日本各地から羽田を経由して世界へという流通ルートが確立されている。

その拠点となる羽田には、旅行者が日常的に利用する旅客ターミナルのほかに「貨物カウンター」で荷物を受け付けたり、貨物を積み下ろして一時的に保管したりする「上屋（うわや）」という専用の施設がある。

上屋施設で預けた貨物は、形状や種類に応じた多彩（たさい）なコンテナに搭載され、飛行機に積みこまれる。また到着した貨物は、「定時到着率」世界一の実績を重ねてきた経験を活かして効率的な作業を進め、スピーディな引き渡しを実現している。

アライアンス——加盟各社との関係強化のほか非加盟会社との提携も推進

ＡＮＡは１９９９年（平成11）に「スターアライアンス」に加盟した。

スターアライアンスは世界で最初に発足（ほっそく）した航空連合であり、２０１８年（平成

30）11月時点でユナイテッド航空、ルフトハンザ、エア・カナダ、中国国際航空など28社が参加。その中心的な役割をＡＮＡが果たしている。

加盟各社との協力関係は、単なるコードシェアにとどまらない。今日では、ダイヤや運賃、営業までをあたかも１社でやりくりするように共同で展開するＪＶ（ジョイントベンチャー）として進化。太平洋横断路線やアジア路線ではユナイテッド航空と、日本から欧州の路線ではルフトハンザやスイスインターナショナルエアラインズ、オーストリア航空の３社とＪＶをスタートさせ、事業の取り組みを強化してきた。

また、スターアライアンスメンバー以外の航空会社ともコードシェアを行なうなど、大きくスケール展開し、グローバルネットワークの強化・拡充を進めている。ちなみにスターアライアンス外の提携関係としては、スカイチームメンバーのベトナム航空やガルーダ・インドネシア航空、アライアンス非加盟のフィリピン航空など東南アジア地域で活発だ。

ＪＡＬは２００７年（平成19）、世界の13社（２０１８年11月現在）が名を連ねる「ワンワールド」に加盟した。アメリカン航空やブリティッシュ・エアウェイズ、カンタス航空、キャセイパシフィック航空などワンワールド設立時（１９９９年）から

スターアライアンスとワンワールドのプロフィール

	スターアライアンス	ワンワールド
設立年	1997年	1999年
加盟航空会社数	28社	13社
就航国数	191か国	160か国
就航空港数	約1,300空港	982空港
便数／日	約18,400便	約13,000便
加盟航空会社	*アドリア航空 *エーゲ航空 *エア・カナダ *中国国際航空 *エア インディア *ニュージーランド航空 *全日本空輸(ANA) *アシアナ航空 *オーストリア航空 *アビアンカ航空 *アビアンカ・ブラジル航空 *ブリュッセル航空 *コパ航空 *クロアチア航空 *エジプト航空 *エチオピア航空 *エバー航空 *LOTポーランド航空 *ルフトハンザドイツ航空 *スカンジナビア航空 *シンセン航空 *シンガポール航空 *南アフリカ航空 *スイス インターナショナル エアラインズ *TAPポルトガル航空 *タイ国際航空 *ターキッシュ エアラインズ *ユナイテッド航空	*アメリカン航空 *ブリティッシュ・エアウェイズ *キャセイパシフィック航空 *フィンエアー *イベリア航空 *日本航空(JAL) *LATAMチリ *マレーシア航空 *カンタス航空 *カタール航空 *ロイヤル・ヨルダン航空 *S7航空 *スリランカ航空

のオリジナルメンバーと強固なパートナーシップを築いている。

　最近では、アジアから欧州への玄関口として使い勝手の良さが評価されているヘルシンキ・ヴァンター空港から日本の４都市（成田、中部、関西、福岡）へ乗り入れるフィンエアーとコードシェアを行なうほか、ヘルシンキへの自社運航便も開設して両社の関係性を強化。利用者への利便性を高めてきた。

　また、ワンワールドに加盟して日が浅いスリランカ航空やＳ７航空などともいち早くコードシェアを実施し、現在は成田からコロンボなどの都市やロシア極東地域へのフライトにもＪＡＬの便名が冠されている。

　アライアンスにとらわれない独自の提携関係構築にもＪＡＬは積極的だ。スカイチームメンバーのエールフランス航空や大韓航空、中国東方航空などとコードシェアを実施するほか、エミレーツ航空やバンコク・エアウェイズ、アメリカ国内線で幅広いネットワークを持つジェットブルーなどとも提携関係を構築している。

　２０１７年（平成29）９月からはハワイアン航空と包括的な業務提携契約を結び、２０１８年（平成30）３月末からの夏期スケジュールでコードシェア運航をスタートさせている。

SNSの活用――フェイスブックのフォロワーはANAもJALも170万人以上！

JALもANAも、「フェイスブック」や「ツイッター」「インスタグラム」などのSNSを、ファンと会社をつなぐ重要ツールとして活用している。

JALはグループ会社の生の声を、フェイスブックを通じて「今の姿」として発信。フォロワー数は2018年（平成30）11月現在で170万人を突破した。

ツイッターでは「もも」と「えり」という新入社員のキャラクターによるお得情報やパイロットによる楽しい裏話、JAL社員によるダンス動画などが人気だ。こちらもフォロワー数は60万人に達している。約30万人がフォローしているインスタグラムでは、飛行機での旅にいざなう写真などを発信している。

ANAも負けじとSNSでの情報発信に積極的である。フェイスブックのフォロワー数はやはり170万人以上。ANAの舞台裏の写真やトリビア、旅情を誘う就航地などの情報が日々発信されている。

フォロワー数が80万人を超えたツイッターでは「ANA旅のつぶやき」として飛行機写真を楽しめたり、お得情報が提供されたりしている。インスタグラムのフォロワー数も30万人を突破した。

若い層を中心に、こうしたＳＮＳはますます広がりつつあるだけに、両社にとって今後どう活用していくかは大きな課題だろう。

アスリート支援——２０２０年東京五輪に向けてアスリートたちを強力サポート

ＪＡＬとＡＮＡには、日本を代表するトップアスリートたちが所属しており、両社とも来る「ＴＯＫＹＯ ２０２０」を視野に、さまざまなサポート体制を敷いている。

ＡＮＡは公益財団法人日本オリンピック委員会（以下、ＪＯＣ）のオフィシャルパートナーであり、２０２０年東京オリンピック・パラリンピック競技大会のオフィシャルエアラインパートナーにも選ばれている。

将来を担うアスリートたちを支援する社会活動としては「努力と挑戦」を行動指針として掲げ、選手たちの就職支援ナビゲーション「アスナビ」を２０１４年（平成26）から利用。水泳の松原颯選手や女子7人制ラグビーの横尾千里選手、障がい者競泳の津川拓也選手、スケート・ショートトラックの菊池悠希選手などを社員として採用してきた。

そうした支援活動のなかでも、もっとも長くＡＮＡに在籍してきたアスリートといえば、先ごろ引退を発表した卓球の福原愛さんだろう。２００５年（平成17）にスポンサー契約を、２００７年（平成19）には所属契約を締結。海外試合のために渡航するさいの交通手段を全面サポートするとともに、ＡＮＡの〝顔〟として宣伝広告などでも活躍してきた。

福原さんがＡＮＡに所属した年は、ちょうど日中国交回復35周年であり、ＡＮＡにとっても１９８７年（昭和62）に初めて中国線（北京）が就航して20周年にあたる年だった。２００８年（平成20）の北京オリンピックに向けて日中のかけ橋となった福原さんと、中国路線に力を入れようとしていたＡＮＡの事業イメージが合致し、所属が決定したのだ。

ほかにフィギュアスケートの羽生結弦選手や競泳の瀬戸大也選手もＡＮＡ所属のアスリートとして活躍をつづけている。

ＪＡＬとオリンピックのつながりは、１９６４年（昭和39）の東京オリンピックにはじまる。聖火空輸特別機「シティ・オブ・トウキョウ（ダグラスＤＣ－６Ｂ）」は、ギリシアのアテネから沖縄までの1万５０００キロを超える航路を、世界の各都市を経由しながら14日間かけて聖火を運んだ。

１９９８年（平成10）にはＪＯＣと、２００５年（平成17）からは日本パラリンピック委員会（ＪＰＣ）とオフィシャルパートナー契約を締結。日本代表選手への航空便の提供や、スポーツ振興の後押しをつづけている。

ＡＮＡと同様、２０２０年東京オリンピック・パラリンピックではオフィシャルエアラインパートナーに選ばれた。大会に向けて２０１６年（平成28）にはＪＡＬスポーツアンバサダーを発足。ＪＡＬグループの社員から11名が初代ＪＡＬスポーツアンバサダーに選出され、障がい者とスポーツの楽しさを分かち合う活動などを進めている。

またＪＡＬでも、チャレンジを応援するため、トップアスリートや競技団体とのオフィシャルパートナー契約を締結。テニスの錦織圭（にしこりけい）選手やフィギュアスケートの本田真凜（ほんだまりん）選手、車いすテニスプレーヤーの上地結衣（かみじゆい）選手などをサポートしている。引退したフィギュアスケートの浅田真央（あさだまお）さんや女子ゴルフの宮里藍（みやざとあい）さんらも、ＪＡＬの支援を受けてきたアスリートだ。

航空教室——子どもたちに大人気の教育プログラムが盛りだくさん！

「整備ハンガーを見学することはできませんか？」

飛行機ファンの人たちから、よくそんな質問が寄せられる。航空の世界に興味を持ち、将来は空港で働く仕事に就きたいと願う若い人も多いのだろう。ＪＡＬやＡＮＡは、そういった夢見る若者たちを支援するため、羽田の整備工場で一般の人たちに向けた航空教室を開催してきた。

「ドック入りしている旅客機が意外に小さく見えたのは、それだけハンガーが巨大であることの裏返しでしょう」と感想を話していたのは、ＡＮＡの見学会に小学生の子どもを連れて参加していた父親だ。「じっさいにハンガーに降りて目の前で飛行機を観察できるなどめったにない機会。貴重な体験になったと思います」。

整備場見学は、ＪＡＬはホームページから、ＡＮＡはホームページのほか電話での予約も可。個人だけでなく団体での申し込みも受け付けている。

ここ数年は両社とも新しい教育プログラムをあいついで導入している。

２０１６年（平成28）11月に次世代育成プログラム「空育」を掲げたのはＪＡＬ。

「飛行機を通じて自分の未来を考える」「環境・宇宙を通じて地球の未来を考える」をテーマに航空会社としての体験型プログラムを提供するもので、ＪＡＬ折り紙ヒコーキ全国大会やＪＡＬお仕事講座、ＪＡＬの工場見学などが組みこまれている。

さらに２０１７年（平成29）11月には「JAL STEAM SCHOOL」が開校した。小学４年生から６年生を対象に理数系の「Science（科学）」「Technology（技術）」「Engineering（工学）」「Mathematics（数学）」に重点を置きつつ、そこに「Art（芸術）」も付加して人間の感覚や感情についても学習していこうという創造的思考を育むプログラムである。

巨大な旅客機がすっぽり収まるANAのハンガー

ＡＮＡは２０１７年10月に新しいスタイルの航空教室「ANA Blue Academy ミライつく〜る」を開校した。

これは「東京２０２０公認プログラム（教育）」の許可を受けた、小学５・６年生を対象とするキャリア教育だ。２０１８年から導入されている新学習指導要領にも適った（かなった）もので、子どもたち自身が仲間と協力・相談し合いながら課題を解決していくアクティブラーニング形式を主軸に、座学では学べない航空業界の魅力を伝える。

授業では、講師を務める現役のＡＮＡスタッフの指導のもと、じっさいに現場で使用されているツールを手に取りながら航空会社の仕事を体験することができる。

3章

◉保有機数、主力機、MRJ、特別塗装機…

運航機材の違いを読みとく

全保有機——保有する機材を知れば両社の個性・強みが見えてくる

2018年（平成30）3月31日時点でのJALグループとANAグループの全保有機を一覧表（JALは次ページ、ANAは87ページ参照）にしてみた。

JALグループにはJALのほかジェイエア、日本トランスオーシャン航空、日本エアコミューター、琉球エアーコミューター、北海道エアシステムが含まれる。それらグループの全保有機数は計230機。かつてはエンジンを4基搭載した4発機のボーイング747を世界でもっとも多く保有していたことから「ジャンボ機王国」などと称されたが、現在はエンジン2基の双発機（そうはつき）オンリーのフリート（保有機材）構成になっている。

そのうち長距離国際線の主力機材として使用されているのが、777－300ERや787－9だ。中距離国際線では787－8や767－300ERを中心に運航。国内線では777、767、737など大型機から中小型機までを路線需要に応じて割り当てている。

グループ会社の話題としては、まず737－400を長年運用してきた日本トラ

JALグループ全保有機リスト(2018年3月現在)

機種	機数	座席数
ボーイング787−9	11	195〜239
ボーイング787−8	25	161〜206
ボーイング777−300ER	13	244
ボーイング777−300	4	500
ボーイング777−200ER	11	236〜312
ボーイング777−200	12	375
ボーイング767−300ER	29	199〜261
ボーイング767−300	6	261
ボーイング737−800	57	144〜165
ボーイング737−400	8	145〜150
エンブラエル170	17	76
エンブラエル190	12	95
ボンバルディアDHC8−Q400※	6	74
ボンバルディアDHC8−Q400CC	5	50
サーブ340B	10	36
ATR42−600	4	48
合計	230	——

※ボンバルディアDHC8−Q400は2018年11月末で退役。
JALホームページを参考に作成

ンスオーシャン航空が２０１６年（平成28）より７３７の次世代型といわれる７３７－８００を導入。ジェイエアでもボンバルディアのＣＲＪ２００を全機退役させてエンブラエル１７０／１９０へと一本化し、さらに２０２１年以降は受領予定の国産リージョナルジェットＭＲＪ90（120ページ参照）で機材刷新を進めていく。

小型プロペラ機のみを運航している日本エアコミューターは、古くなったサーブ３４０の退役を進めてＡＴＲ42－６００に更新。琉球エアーコミューターもボンバルディアＤＨＣ－８－Ｑ４００ＣＣを導入してＪＡＬグループ全体の機材の若返りを図っている。

いっぽう、ＡＮＡとエアージャパン、ＡＮＡウイングスで構成しているＡＮＡグループは、一覧表のとおり現在の保有機の総数は２９２機だ。しかし、この２９２機にはＬＣＣのバニラエアとピーチ・アビエーションが使用しているエアバスＡ３２０－２００が35機含まれている。ＪＡＬグループと同様、現在は双発機のみのフリート構成だが、２０１６年１月にＡＮＡは総２階建て機のエアバスＡ３８０を３機発注。同社にとっては２０１４年（平成26）３月に退役したジャンボ機７４７－４００以来の４発機オペレーターとなる。

現状でもっとも大きな機材は７７７－３００ＥＲだ。ＡＮＡのフラッグシップ機

ANAグループ全保有機リスト(2018年3月現在)

機種	機数	座席数
ボーイング787−9	28	215〜395
ボーイング787−8	36	169〜335
ボーイング777−300(ER含む)	29	212〜514
ボーイング777−200(ER含む)	21	405
ボーイング767−300	34	202〜270
ボーイング767−300F	12	貨物専用機
ボーイング737−800	36	166〜167
ボーイング737−700	7	120
ボーイング737−500	14	126
エアバスA321neo	2	194
エアバスA321ceo	4	194
エアバスA320neo	3	146
エアバスA320−200※	42	166/180
ボンバルディアDHC8−400	24	74
合計	292	——

※エアバスA320−200型機はバニラエア、ピーチ・アビエーション使用の35機含む。
ANAホームページを参考に作成

として長距離国際線やアジアの主要都市への路線で活躍をつづけてきた。最初に導入した機体はすでに10年以上が経過しているが、その後継機としては開発中の次世代トリプルセブン、777Xをすでに20機オーダーしている。

炭素繊維複合材でつくる同型機の主翼の翼幅は71・8メートルにもなり、次世代ジャンボ747－8とくらべても3・3メートル大きい。最大幅65メートルまでの飛行機が使用できるよう調整されている国際空港の一般的なゲートは使えなくなるため、主翼を〝折りたたみ式〟にしたというユニークな機体だ。到着が待ち遠しい。

その他の国際線では、ANAがローンチカスタマー（航空機の新規開発の後ろ盾となる航空会社）となって開発を支えた787－8や急ピッチで導入が進む787－9、767－300ER、737－700などが活躍。国内の基幹路線では777－をはじめ787や767、737－800などをバランスよく運航している。古くなりつつある国内線の777－300は2019年度より787－10へと機材更新される予定だ。

また小型機では新型エンジンを搭載したエアバスA320neoやA321neoを新規に導入（115ページ参照）。やはりANAがローンチカスタマーとなったMRJ90は、グループ会社のANAウイングスが運航を担うことになっている。

ボーイング787——最新鋭機の就航が路線開拓に与えた影響とは?

2010年代半ば以降、日本から未就航だった都市へ新規路線の開設ラッシュがあいついだ。

ANAは2015年(平成27)9月に成田からマレーシア・クアラルンプールへの直行便を13年ぶりに復活。同年10月には旅行先としての人気が根強いベルギーのブリュッセルに、12月にはシドニーにも就航して16年ぶりに豪州に乗り入れた。

これら新規路線の実現を支えてきたのが、ボーイングの最新鋭機787である。787の導入で、何が変わったのか?

機体全重量の50パーセント以上が「炭素繊維複合材」という新しい素材でつくられた787。〝ドリームライナー〟の愛称を持つその1号機は、2011年(平成23)9月にローンチカスタマーとしてANAが受領し、国内外の空で颯爽とデビューした。

787は燃費効率のすぐれた飛行機で、同サイズの旧型機にくらべて20パーセントも燃費が改善されている。長距離国際線を運航する場合、多くの燃料を必要とするため、それまではどうしても大型機に頼らざるをえなかった。大型機での運航となると、一度にたくさんの乗客が利用する路線でなければビジネスとして成立しない。結果、パリやロンドン、ニューヨークなど、いわゆる〝ドル箱〟と呼ばれる路線にしか直行便を飛ばせなかったのである。

そうした状況を、787は根底からくつがえした。200~250人程度の乗客数で長距離を飛ばしても、燃費が良くてコストを抑えられるから、ビジネスとして十分に成り立つ。日本から直接行ける都市がこの何年かで急増したのも、787の活躍による功績が大きい。

2013年(平成25)1月のサンノゼ線や2014年(平成26)3月のデュッセルドルフ線、2015年7月のバンクーバー線など、ANAが787を活用して開設した路線は数多い。同社の広報担当は「787はANAが世界に先駆けて発注・受領した思い入れの強い機材です。すぐれた機内快適性と高い燃費効率の利点を活かし、当社の成長戦略を担う原動力として今後も787シリーズでネットワークの拡大を図っていきたい」と話していた。

いっぽうのJALも、787を受領後は米国のボストンやフィンランドのヘルシンキなどへの新しい路線を開設。2015年11月に14年ぶりとなるダラス・フォー

ANAのボーイング787

JALのボーイング787

トワース線も就航した。７８７に託す期待の大きさは、ＪＡＬも同様だ。「現在のＪＡＬになくてはならない機材」として、同社広報はその位置付けを次のように語っている。

「２０１２年４月22日に、ＪＡＬにとって初めての路線となる成田〜ボストン線が就航しました。破綻から再生へのひとつの象徴として、この新しい路線のスタートは社員たちに大きな勇気を与えてくれたと思っています。経済性と快適性を兼ね備えた７８７だから実現できた路線ですし、私たちに新しい一歩を踏み出させてくれた７８７はどの社員にとっても大切な飛行機です」

ところで、旅客機には同一機種のなかで「基本型」といわれるモデルと、「派生型」といわれるモデルがある。派生型は、最初につくった基本型をベースに、のちの新たな需要に対応するためボディのサイズ（長さ）を延長したり、新型エンジンに替えて航続距離を延ばしたタイプ。２０１４年夏から引き渡しがはじまった７８７－９は、基本型の７８７－８のボディを６・１メートル延長したものだ。ボディを延長する場合、重心位置を変えないよう改良することが必要で、７８７－９では主翼の前方と後方で３・０５メートルずつ延ばしている。見た目にも精悍さが増した。

７８７－９の１号機は２０１４年７月にローンチカスタマーのＡＮＡへ、その後はJALへの納入も開始された。ANAはミュンヘン線やシアトル線などに、JALもフランクフルト線やハノイ線に投入している。

その後も787による新規路線の開設はつづいた。ANAは2016年(平成28)9月にカンボジアへの初の直行便となる成田～プノンペン線を就航。翌年2月からは成田～メキシコシティ線もスタートしている。

現在、日本から直行便が運航されている世界の路線のなかで、メキシコシティ線は最長である。東京からメキシコシティまで地球の表面に沿って1本のヒモを張り、最短ルート(これを「大圏距離」という)を測ると、その距離

787−8のボディを延長した787−9

は1万1271キロメートルに。ほかの主だった路線では、米国東海岸のニューヨークまでは1万854キロ、南部アトランタが1万1024キロ、ヨーロッパではイタリアのローマまでが9908キロ、オセアニアではニュージーランドのオークランドまでが8806キロとなる。いずれも日本からは「ロングフライト」といわれる路線だが、そのどれと比較してもメキシコシティ線は長い。

その超ロングフライトが乗客に苦痛を与えないのは、やはり787での運航だからだろう。気圧や湿度など地上とさほど変わらないキャビン環境を実現した787は、乗っている時間が長ければ長いほど、その快適さを実感できる機種なのである。

2018年（平成30）3月末時点でANAは787−8と787−9を合わせて計64機、JALは計36機を保有している。ちなみにボーイングでは787−9のボディをさらに延長した787−10も製造中で、こちらもANAは3機発注した。

ボーイング777——"トリプルセブン"は両社ともに国際線のエース

787と並んでJALもANAも国内外の主要路線にエースとして投入している

もう1機種が、航空関係者やファンのあいだで〝トリプルセブン〟の愛称で親しまれてきたボーイング777だ。

機種を見分けるポイントは、機体後方の〝おしり〟の部分。つまり補助動力装置「APU（オグジュアリー・パワー・ユニット）」の排気口に注目するといい。他の機種と違って、777は左側のみに排気口が開いている。APUの吸気口がボディ右側の上部に設置されたため、バランスを考えて排気口を左側にという非対称型に設計されたのだ。

では、JALとANAそれぞれの777ヒストリーを見ていこう。

1996年（平成8）にJALが、翌97年（平成9）にはのちにJALに統合された日本エアシステム（JAS）があいついで777を就航させ、日本でのトリプルセブン時代が本格的に幕を開けた。経営再建に向けて機材のダウンサイジングを進めていた時期でも、777は国内・国外を問わずJALネットワークの最前線を飛びつづけてきた。

それまで主役の座に君臨（くんりん）していたジャンボ機747－400に代わり、欧米を中心とする国際線の花形として活躍をはじめたのが777－200ERと777－300ERだ。

ちなみにERは「Extended Range」の略――つまり航続距離延長型を意味する。JALの777が初めて国際線を飛んだのは、2002年(平成14)8月の成田〜北京線だった。777-200ERのデビューである。

その後は上海、香港、ソウル、シンガポール、ジャカルタなど中国、韓国や東南アジアの各都市に翼を広げ、2003年(平成15)8月には日本のエアラインとして初となる777でのヨーロッパ線運航も開始した。真新しい機体でロンドンへ飛んだときの鮮烈(せんれつ)体験は、いまでも忘れられない。

777-300ERは777-200ERに遅れること2年、2004年

APUの排気口が左側のみに開いているボーイング777

（平成16）6月に受領した。就航開始は同年7月の成田～シンガポール線で、その後は北京、上海、香港などの路線へと拡大。しかし中距離アジア線での運航は、将来への〝足慣らし〟だったと言っていい。

翌年以降は、それまで747-400が就航していた成田～ロンドン線や成田～フランクフルト線、さらに北米線でも導入され、777の躍進がはじまる。中間クラスの「JALプレミアムエコノミー」や新しいファーストクラス「JAL SUITE」なども777に導入され、JALの贅を極めたゴージャスさを満喫できるようになった。

「最初にコクピットに入ったときの驚きは、いまも忘れません。初期のジャンボ機（747）では50種類以上あった計器が操縦席の前方パネルに配置された6つの画面に集約され、デザインもとてもシンプル。これが旅客機のコクピットなのかと、鮮烈な印象を受けました」

777が就航をはじめた当時、JALのパイロットのひとりがそんなふうに話してくれたのを思い出す。

燃料効率もジャンボ機にくらべて約20パーセント向上。騒音やCO_2排出量も低減し、環境にやさしい機種としてヨーロッパ各国の空港でも就航が歓迎された。「ハイテク旅客機」という言葉を聞いて、多くのパイロットが真っ先に〝トリプルセブン〟の名を思い浮かべるという。

７７７の各タイプを外観で見分けるポイントは、主翼の形状とボディの長さだ。国際線を中心に運用される航続距離延長型の７７７－３００ＥＲは、主翼先端に空力特性を向上させるウイングチップを装備。また全長は標準型の－２００にくらべて－３００は約10メートル長い。

国内線での７７７の活躍にも触れておこう。

ＪＡＬは１９９１年（平成３）10月、国内線で使用する４００席クラスの次期主力機として７７７－２００の導入を決めた。ボーイングが１９８６年（昭和61）に開発に着手した７７７は、その製造プロセスで発注エアラインと共同で細かな仕様を決めていく「ワーキング・トゥギャザー」制度を採用。ＪＡＬもその１社として参加し、それまで数多くのボーイング機を運航してきたＪＡＬならではの視点で７７７の開発に貢献した。

７７７－２００の１号機は１９９６年４月に羽田～鹿児島線でデビューを果たし、その後は大阪や札幌などの主要都市へ就航する。また２００７年（平成19）12月には国内線で初となるファーストクラスを発表し、その導入機材としても７７７－

200が選ばれた。

ファーストクラスを搭載した777-200は羽田〜伊丹線で運航をスタート。利用者からの好評を受け、翌年から羽田〜福岡線、羽田〜新千歳線に導入路線を拡大した。

777-200の路線網拡大を進めるいっぽうで、その胴体延長型である777-300の1号機が羽田に到着したのは1998年(平成10)7月である。こちらも羽田と鹿児島を結ぶ路線で翌8月にデビューした。

2018年(平成30)3月末の時点で、JALは計40機の777を保有している。国内外の主要都市を訪れると、JALの鶴丸マークをつけた777に出会わない日はほとんどない。

つづいて、ANA——。

777シリーズのうち、ANAも標準型の777-200と胴体延長型の777-300、長距離型の777-200ERと777-300ERの4タイプを保有・運航している。2011年(平成23)末から国内外の空を飛びはじめた787とともに、777は今日までANAのフラッグシップとして活躍の場を広げてきた。

ANAが最初に777を発注したのは1990年(平成2)12月、シリーズの標準型として開発された777－200だった。400席クラスの国内線用に使用されていたトライスターの後継機としての導入である。

その後、1995年（平成7）9月にオーダーしたのが胴体延長型の777－300で、こちらは国内の基幹路線で運航してきたジャンボ機747の後継機という位置付けだ。

ちなみに、777のエンジンは選択制が採用されている。そのうち、ANAは国内線を中心に導入している777－200にはプラット&ホイットニー（P&W）製のエンジンをチョイス。そして長距離線用の777－300ERには高出力のゼネラル・エレクトリック（GE）製エンジンを装備した。

ANAの777－300ERのデビューは、2004年（平成16）11月の成田～上海線だった。その後はアジアを中心にした短中距離路線から欧米へと活躍の場を広げ、ニューヨーク線やロンドン線にも進出。新シートやサービスの導入に際しては、従来は最初の機材として747－400が選ばれていたが、近年はそれも777に替わっている。

国内線におけるANAの777－200初就航は、1995年（平成7）だった。羽田から伊丹へ向かう便で、ちょうどクリスマス直前だったと記憶している。AN

Ａがボーイングに同型機を発注した１９９０年は羽田の沖合展開や関西国際空港の完成、成田の拡張など３大空港プロジェクトを控え、将来の輸送力アップに向けて４００席クラスの大型機が必要とされていた時期だった。

その後、１９９８年には胴体延長型の７７７－３００も５１４席仕様で国内線での運用をスタート。エンジンが３基の３発機や４基の４発機の乗り入れが禁止された伊丹発着便では、７４７－４００Ｄに代わる主力機になった。

従来は３基か４基のエンジンが必要だった大型機でも、エンジンそのものにハイテクが導入されて進化し、２基でも必要な推力が得られるように。その結果、大型で航続性能にもすぐれた双発機が登場することになるのだが、そうした双発機の可能性を先頭に立って切りひらいてきたのが７７７シリーズなのである。

エース格である７７７－３００ＥＲは両翼を広げた長さが64・８メートル、機首から尾翼までの全長は73・９メートルで、ジャンボ機（７４７－４００）をもしのぐサイズだ。その巨体を、左右の主翼に装備されたふたつのエンジンの強力パワーで軽々と持ち上げてしまう。

ＡＮＡグループでは２０１８年３月末時点で、計50機の７７７シリーズを運航している。

ボーイング767――万能型の中型機として国内外の空でマルチに活躍

日本や世界の空を旅してきたなかで、これまでどのエアラインのどの旅客機を体験する機会がもっとも多かったか？　間違いなくそのひとつは、ボーイング767だったろう。

細身ながらもキャビン内に2本の通路を持つ767シリーズは「セミ・ワイドボディ機」といわれ、ボーイングが1980年代にニーズが高まると予測した250席クラスの新しい機種として1978年（昭和53）に開発がスタート。その最初のモデルが767−200で、のちに胴体延長型の767−300が誕生する。

JALは1983年（昭和58）9月に200席クラスの767−200と300席クラスの767−300の導入を決定した。とくに767−300にかんしては、JALは世界で最初にオーダーしたローンチカスタマーであり、767ファミリーのなかで現在までもっとも多く生産された767−300の誕生のきっかけをつくった。

JALの767−300が国際線で活躍をはじめるのは、1987年（昭和62）

9月に受領した2号機からだ。それまでダグラスDC－8で運航していた成田～香港線の一部や成田～マニラ線などへの導入を開始し、のちにはグアム、サイパンなど洋上を長時間飛行する路線にも就航していく。

１９９３年（平成5）から１９９７年（平成9）まで10機を導入した3発ワイドボディ機マクドネル・ダグラスMD－11の後継機として発注していた最新型の７６７－３００ERが２００２年（平成14）5月にデリバリーされると、翌6月から成田～ソウル線での運航もスタートした。

その後は中国の大連線や厦門線、さらにベトナムのハノイなどに就航路線を拡大。２００５年（平成17）12月には成田～コナ線にも就航し、初めてハワイ路線への進出を果たす。２０１１年（平成23）4月現在で７６７－３００ERの保有機数は30機近くまで増え、いまも国際線の主力機として数多くの旅客を運びつづけている。

いっぽう、国内線に目を向けてみると、７６７－３００が最初に投入されたのは１９８６年（昭和61）10月。JALの国内線として初めて開設された名古屋発着の路線（名古屋～福岡線）だった。その後は羽田発着などの新しい路線に次々と就航し、JALのローカル線を担うエースとしてネットワーク拡大に大きな貢献を果たしていく。

古い機材の７６７は２００８年（平成16）から退役がはじまっているものの、最新型の７６７－３００ＥＲの導入はその後もつづく。国内の基幹路線ではつねに３００席クラスのキャパシティを持つ機材が必要であり、７６７は退役したジャンボ機７４７に代わってＪＡＬフリートのなかでもっとも息の長い機種となった。

７６７シリーズは昔もいまもＪＡＬの中核をなすフリートであり、２０１８年（平成30）３月末時点で計35機を保有。復活した「鶴丸」も最初のデザイン機として７６７－３００ＥＲが選ばれている（53ページ参照）。

ＡＮＡでも、経済性にすぐれた中型機として７６７は国内の基幹路線やローカル線、国際線までオールマイティに活躍している。

２０１０年（平成22）11月には、羽田の機体メンテナンスセンターで約２か月を費やして作業を進めてきた７６７－３００ＥＲへのウイングレット（主翼端に取り付けられる小さな翼）装着が完了。ウイングレットのサイズは、高さ３・４メートル、幅が４・５メートル。ウイングスパンは片翼で約１・６５メートル延長され、これまでにない独特の存在感を見る人に与えた。

ＡＮＡが１９８７年（昭和62）から34機を導入した７６７－３００は、その後２機が北海道路線を担当するエア・ドゥに移籍したが、残る32機はＡＮＡフリートの

JALのボーイング767−300

ウイングレットが装着されたANAのボーイング767−300

中核として機能。７６７－３００の初就航は同年７月の羽田～熊本線と伊丹～熊本線だった。

それ以降、国内での運用がつづいたが、１年後の１９８８年（昭和63）７月には成田～ソウル線に導入され国際線デビューも果たす。そして１９８９年（平成元）６月には、７６７－３００の航続距離延長型である７６７－３００ＥＲの導入を開始。翌７月からファーストクラスを備えた３クラス仕様で成田～バンコク間を飛びはじめる。

ＡＮＡの国際線ネットワークの拡充をリードしてきたという意味で、万能機７６７の功績は大きい。アジア路線への増便に備えて追加発注され、また開発遅延で納入が遅れた次世代中型機７８７の代替導入もあり、７６７は機数を増やしつづける。この代替導入機からはじまったウイングレットの装着で７６７－３００ＥＲは見た目にも精悍さを増し、絶え間ない進化を継続。なお、２０１１年（平成23）２月末に受領した７６７－３００ＥＲは、ボーイングにとって記念すべき１０００機目の７６７シリーズとなった。

２０１０年（平成22）秋、羽田空港では４本目のＤ滑走路の供用開始とともに国際線新ターミナルがオープンし、32年ぶりに羽田からの国際定期便が復活した。Ａ

NAはこの羽田をハブにした国際線ネットワークを拡大。ソウルや台北、上海、北京、香港、バンコク、シンガポールなどのアジアを中心に、ハワイや北米にも翼を広げる。

そこでも主役を務めたのは767だ。ウイングレット装着の767－300ERは成田からシンガポールへの路線で就航したあと、折り返し便が羽田に帰着し、羽田再国際化の象徴となった。

最後に貨物専用機についても触れておこう。増加傾向にあるアジア方面の貨物需要に対応するため、中型貨物機767－300Fを積極的に導入・運用してきたのがグループ会社のANAカーゴ（70ページ参照）だ。

その機体塗装は、後方部分にグループの物流会社「OCS（オーバーシーズクーリエサービス）」のロゴを描いたデザインへと変更が進んでいる。両社が手を携え、2009年（平成21）10月に那覇空港に開設した沖縄貨物ハブをベースに日本とアジアを結ぶ新しい形の貨物輸送事業を展開中である。

ANAグループは2018年3月末時点で、その貨物専用機を含めて計46機の767を保有している。

ボーイング737――アジア近距離路線や国内地方路線の中核を担う

ボーイング機のなかで世界中のエアラインからもっとも多く採用されているのが、単通路機の737シリーズだ。

737は1967年（昭和42）に生産を開始した737−100／−200の第1世代、1984年（昭和59）から登場した737−300／−400／−500の第2世代を経て、1990年代にあいついで完成した「NG（ネクストジェネレーション）型」と呼ばれる737−600／−700／−800／−900の第3世代へと進化を遂げてきた。

こうした単通路型の小型機が売れる背景には、大型機での長距離移動にくらべ、150～200人を乗せて2～4時間のフライトで移動するという路線が世界には多いという路線需要がある。

現在は「737MAX」という、新型エンジンを搭載して環境性能を高めた後継機の開発も進行。MAXの名称には「効率も信頼性も最大、乗客にとっての快適性も最高の旅客機に」という目標が込められた。

ＪＡＬグループが運航している７３７は、そのうちの７３７－４００と７３７－８００の２機種である。

保有しているのは２０１８年（平成30）３月末時点で計65機。７３７－４００はＪＡＬグループの日本トランスオーシャン航空によって国内線のみで運航される、１５０～１５６席の比較的小さな機体だ。

７３７－８００は、７３７－４００よりもボディが約３メートル、主翼を含めた横幅が約７メートル延びたストレッチ型で、ＪＡＬグループの小型機のメイン機材として活躍している。

国内線機材の７３７－８００は上級席「クラスＪ」と普通席で構成された１６５席仕様で、ＪＡＬと日本トランスオーシャン航空の２社が運航。北は女満別（めまんべつ）から南は石垣まで幅広い路線に就航している。

いっぽうの国際線は、ビジネスクラスとエコノミークラスの２クラスで１４４席仕様だ。中国の上海（浦東）や天津、韓国のソウル（仁川）や釜山、台北（桃園）などアジア近距離路線に投入してきた。

７３７－８００などのＮＧシリーズは、主翼先端で空に向かってピンと延（の）びたウイングレットが特徴だ。コクピットには最新の液晶画面が装備されるなど、７３７－

500までのクラシック型とくらべて性能が大幅に改善されている。

沖縄を本拠地に運航する日本トランスオーシャン航空が737-800を初めて就航させたのは2016年（平成28）2月。1994年（平成6）の737-400以来、22年ぶりの新機材導入だった。

キャビン仕様や座席のレイアウトはJALが運航する同型機と同じものを採用し、座席は本革シートを備える最新装備である。同社は737-400を2機、737-800を9機保有（2018年11月末現在）しているが、2019年3月末までには737-400を順次退役させて、JALグループが保有する737はすべて-800に統一される見込みだ。

日本トランスオーシャン航空の737-800はJALの運航機と一見変わらないが、真っ白なボディ前方には「JAPAN TRANSOCEAN AIR」というロゴが、機首には「うちなーの翼」という文字が描かれている。

またクラスJのヘッドレストカバーには、沖縄の伝統工芸「紅型（びんがた）」のデザインを施し（ほどこし）沖縄らしさを演出。天井からキャビンを照らすLED照明にはJALの運航路線で展開している配色に加え、沖縄の海を感じさせる「エメラルドグリーン」も独自に採用している。

JALのボーイング737−800

ANAウイングスのボーイング737−500

ＡＮＡグループでは、２０１８年（平成30）３月末時点で計57機の７３７を保有している。そのうちＡＮＡが運航するのはＮＧ型の７３７－８００を36機と７３７－７００を７機。残る14機はグループのＡＮＡウイングスが保有する７３７－５００だ。

ＡＮＡの７３７－８００は全機が国内線機材で、キャビンは１６６～１６７席でレイアウト。就航路線は北から南まで幅広い。

いっぽうの７３７－７００は名古屋や関西発着の中国線を中心に国際線機材として運用されている（一部は国内線にも使用）。かつては全座席がビジネスクラスという７３７－７００ＥＲが存在し、利用者のあいだでも「ビジネスジェット」の名で親しまれたが、現在は退役済みだ。

ＡＮＡウイングスの７３７－５００は製造からすでに20年程度が経過している機材が増えつつあり、今後は国産リージョナルジェットＭＲＪへと機材更新が進められる。

しかしＭＲＪは開発遅延でたび重なる納入延期が発表され、ＡＮＡも対応に苦慮。ＭＲＪ受領までは７３７－８００のリース導入なども検討されているようだ。

その他のフリート――小型プロペラ機などがローカル路線で真価を発揮

ここまで解説してきたボーイング機以外のフリートもいくつか存在する。

JAL、ANAの両社が保有するのが、ボンバルディアのDHC－8シリーズだ。デ・ハビランド・カナダが開発しボンバルディアが受け継いだDHC－8は、「高翼機(こうよくき)」と呼ばれるボディの上に主翼を取り付けた個性的なプロペラ機。

DHC－8－Q100／－Q300／－Q400などのタイプがあり、それぞれボディの長さが異なる。基本型の－Q100は全長22・3メートルで39人乗り。－Q300は－Q100のボディを3・4メートル延長して50人乗りに、－Q400はそれよりもさらに7・1メートル長いDHC－8シリーズの最長タイプで74人乗りだ。

JALグループでは日本エアコミューターや琉球エアーコミューターが鹿児島や沖縄を発着する路線で、ANAグループはANAウイングスが地方空港を結ぶローカル路線で－Q400を運航中だ。

じっさいに利用してみると、プロペラ機でありながらとても静かで快適なことに

ANAのボンバルディアDHC−8−Q400

ジェイエアのエンブラエル190（写真:チャーリィ古庄）

気づく。シリーズ名のQは「Quiet」の頭文字で、騒音と振動を抑制する技術を駆使して居住性を向上させている点が自慢である。

同じくJALグループのジェイエアが主力として導入しているのが、エンブラエル170／190である。

地方路線ではボーイング737など150席クラスの小型旅客機が主流だったが、それでも大きすぎるという路線では効率のいい100席未満の小型ジェット機――いわゆるリージョナルジェットが活躍をはじめた。

その代表的なひとつがエンブラエルのE-Jetシリーズで、2010年（平成22）4月に羽田に初めて170の定期便が就航。それまでMD-90で運航してきた南紀白浜線や関西線の一部をジェイエアが引き継いだ。

日本エアコミューターと北海道エアシステムは、サーブ340も運航している。サーブ340はスウェーデン製の双発ターボプロップ機で、JALグループの保有機材ではもっとも小さな飛行機だ。初期タイプの340Aのほか、エンジン改良型の340B、翼端を延長して空力性能を高めた340B-WTなどのバリエーションがある。

ANAグループだけが保有するのは、エアバスのベストセラー機A320シリー

日本エアコミューターのサーブ340

ANAのエアバスA320

ズだ。なかでも新型エンジンを搭載して環境性能を高めた後継機A320neo／A321neo（neoは「New Engine Option」の略）は、ANAが力を入れる中国路線などで今後の大きな活躍が期待されている。

新規導入機材——国内初登場が待たれるエアバスの看板2機種とは？

今後、導入が予定されている機材で、注目されるのはエアバスの2機種だろう。

そのひとつが、エアバスの最新鋭機A350XWBだ。XWBは「エクストラ・ワイド・ボディ」の略。同サイズの従来機にくらべてA350XWBはボディ幅を拡大し、キャビンの快適性を向上させた。新素材を多用してのすぐれた環境性能とともに、その快適性もA350XWBの最大のセールスポイントだとエアバスは位置付ける。

じっさいに乗って感じるのは、機種名にあるとおりのゆったりした空間サイズで、横幅がとにかく広い。客室の最大幅はボーイング787の5・49メートルに対して、プラス12・7センチの5・61メートル。座席配列は導入するエアラインの方針で変わるが、A350のエコノミークラスの標準配列とされる横1列が「3-3-3」の9席配置の場合、18インチ（45・7センチ）の幅広シートの設置が可能になる。

頭上の手荷物棚も大型化した。キャスター付きのスーツケースが窓側の棚には5つ、中央の棚でもスーツケース3つと中型バッグふたつを縦にして収納できる。全クラスの乗客が大きめの手荷物を持ちこんでも、自席の近くに置けて便利になるだろう。

もうひとつ、キャビンの床面はフラットで出っぱりがまったくない。設計に工夫を凝らし、機内配線のすべてを床下に納めたからだ。日本ではJALが2014年（平成26）11月に56機を発注し、2019年に受領を開始する。

いっぽう、ANAへの納入が待たれるのが、世界最大の総2階建て機A380だ。A380は全長（72・8メートル）こそ〝次世代ジャンボ〟として登場したボーイング747-8（76・3メートル）などに及ばないが、翼幅（79・8メートル）や全高（24・1メートル）は現役の機種としては最大。地上から垂直尾翼のてっぺんまでの高さは7階建てのビルに相当する。主翼の面積は約845平方メートルあり、バスケットボールのコート（約420平方メートル）が左右に1面ずつ取れてしまう計算だ。

JALが導入予定のエアバスA350XWB(イメージ)

ANAのエアバスA380「フライング・ホヌ」(イメージ)

1階と2階を合わせた総床面積は、それまで最大だったジャンボ機(747－400)の1・5倍。ところがメーカーが設定している標準座席数は747－400の412席に対して525席――つまり座席数では1・27倍しかない。A380はそのぶん、座席以外に使用できるスペースが広く、アイデアしだいでこれまでの旅客機とはまったく異なったキャビン設計やシートの配置が可能になる。

ANAはこのA380を新しいファーストクラス8席を含めた520席仕様で3機導入。3機とも〝空飛ぶウミガメ〟を意味する「FLYING HONU(フライング・ホヌ)」のスペシャル塗装で、2019年春からハワイ線に就航する。

MRJ――YS－11以来の国産旅客機を両社はどの路線に就航させる?

「なんと美しい機体なのだろう!」

初めて披露されたMRJを前に、集まった報道陣の口から思わず出たのはそんな言葉だった。MRJは座席数70席と90席クラスのリージョナルジェット機。50年前に就航した国産プロペラ機YS－11以来となる〝メイド・イン・ジャパン〟の旅客機として、期待が高まっている。

白で塗装された細身のボディの側面に、赤と黒、金色のラインが光る。ボディのカラーリングは「歌舞伎の隈取」をイメージしたものだ。空気抵抗を減少させる翼端のウイングレットに向かって上向きに反り返る主翼や、コクピットの下の鋭く尖ったノーズ。その見事なまでに美しいフォルムは、空気力学などを駆使して機体性能を極限まで追求した結果もたらされた。

エンジンは米プラット・アンド・ホイットニー（P&W）社製の最新型を採用。リージョナルジェットの分野で先行するライバル機にくらべ、2割低い燃費性能が特徴である。従来の同ク

三菱航空機を筆頭に開発・製造が進められているMRJ

ラスエンジンより直径が大きく、そのまま主翼につり下げると地面に接触してしまう難題を、主翼を付け根から先端に向けて上方へ角度をつけることで解決した結果、類いまれな精悍なシルエットが生まれたわけだ。流線形の機首も、見ただけで空気抵抗を最小限に抑える設計であることがわかる。

ＭＲＪが初飛行に成功したのは、２０１５年（平成27）11月11日だった。誘導路で静かに自力走行をはじめた真新しい機体は、滑走路上の離陸開始位置で一度停止。その後、徐々にスピードを上げながら疾走し、同日の午前9時35分に地上を離れた。

実用化に向けては、これからが正念場だ。テスト飛行をくり返す過程で、これまで何度も初号機納入の延期が発表されている。道はけっして平坦ではないが、ハードな壁をクリアして初の国産ジェット機が実現すれば、間違いなく近未来の技術立国ニッポンの牽引役になっていくだろう。その動向を、日本中のファンたちは固唾を呑んで見守っている。

ＭＲＪは日本でもＡＮＡが25機、ＪＡＬが32機をオーダーしている。初号機納入の延期がくり返されるなか、果たして1号機はいつ日本の空を飛びはじめるのか？

新しい旅客機を誕生させるというのは、けっして簡単ではない。鉄道などもそうだが、多くの旅客を乗せて運ぶ輸送機械の開発では「経験工学」が重視され、長年の歴史のなかでひとつずつ実績を積み重ねてきた技術を、リスクを負ってまで安易に変えることはできないからだ。「安全が大命題となる輸送機械は、新しい技術の導入がとても難しい分野だ」と関係者は話す。ボディ構造に炭素繊維複合材を多用したボーイング787も、納入は当初の予定から3年半ほど遅れた。技術的なチャレンジを取り入れた旅客機は、その完成に至るまでに必ず多くの苦労をともなうものなのである。

ＡＮＡへのＭＲＪの1号機納入は、現状では2020年半ばになるもようだ。その後は大阪（伊丹）や名古屋（中部）など羽田以外の国内主要都市から地方への路線を中心に導入される可能性が高い。

いっぽうのＪＡＬも、グループ会社のジェイエアが運航する羽田から山形、南紀白浜をはじめ、大阪や名古屋、福岡発着の地方路線も候補に浮上している。旅客動向や季節に応じて柔軟に運航ダイヤを組める小型機の長所を活かし、経営再建の過程で縮小した地方路線の強化に動くという見方も強い。

完成式典で真新しい機体が披露されたさい、当時のＪＡＬの植木義晴社長は「ＭＲＪの登場で地方路線がしっかり根付いてくるのではないか」という談話を残した。納入遅延はエアラインにも少なからずダメージを与えているが、ＭＲＪは多くのファンが待ち望んだ機種であり、それぞれの暮らす地域への就航を期待する声は少なくない。新しい国産リージョナルジェットは東京オリンピック・パラリンピックが開催される２０２０年に、日本の地方の空に夢を運んでくる。

特別塗装機——ブームの火つけ役はＡＮＡの「マリンジャンボ」

空港の展望デッキで、よく駐機中の機体を嬉しそうに眺（なが）めている子どもたちに出会う。彼らの視線の先にあるのは、カラフルなイラストなどが描かれた特別塗装機だ。その誕生から最近の話題までをおさらいしてみよう。

特別塗装機のブームの走りとなったのが、１９９３年（平成５）９月に登場した巨大なクジラが機体に描かれたＡＮＡの「マリンジャンボ」だ。前年にＡＮＡは乗客5億人突破を記念して機体のカラーデザインを全国の小・中学生から公募。そこで選ばれたのが、クジラと海の仲間たちを描いたデザインだった。

特別塗装機ブームはその後、各国に飛び火し、現在は世界のあちこちの空で個性あふれる機体に出会えるようになっている。なかでも人気だったひとつが、ＡＮＡ

の「ポケモンジェット」だ。それを目当てに休日に空港にやってくる家族連れも多かった。

中国線就航20周年を記念して２００７年（平成19）に登場した同じＡＮＡの「ＦＬＹ！パンダ」機も話題に。ボーイング７６７－３００ＥＲに塗装され、国際線を中心に運航した。２０１１年（平成23）2月には中国から2頭のジャイアントパンダ、オスの「リーリー」とメスの「シンシン」を乗せた「ＦＬＹ！パンダ」機が成田に到着している。また、２０１０年（平成22）7月から翌年3月末まで飛びつづけた「ガンダムジェット」は、世の中年層の心を熱くした。

ＪＡＬの特別塗装機で話題となったのは、サッカー日本代表を応援するため２００６年（平成18）に就航した「サムライブルー」機や、同じ時期に家族利用者促進のために登場した「たまごっちジェット」など。最近では２０１６年（平成28）12月より、子どもたちに人気の「ドラえもんＪＥＴ」を国内線に就航させた。

２０２０年開催の東京オリンピック・パラリンピックに向けては、ＪＡＬとＡＮＡがそれぞれの機体に同じ「心ひとつに!! 行こう２０２０」のキャッチフレーズと東京大会のロゴを描いた特別塗装機を国内線に就航させている。日本人の心を盛り上げていこうという応援機だ。

数ある特別塗装機のなかでも大きな注目を集めたのが、ＡＮＡの「スター・ウォーズ」機だろう。ウォルト・ディズニー・ジャパンとのあいだでブランドを活用するライセンス契約をＡＮＡは２０１５年（平成27）４月に締結。２０２０年3月までの5年間、映画『スター・ウォーズ』に登場するさまざまなキャラクターを描いた機体が国内外の空を飛ぶ。

ＪＡＬグループでは日本トランスオーシャン航空が特別塗装機の展開に積極的だ。７３７ー４００と７３７ー８００を使った「ジンベエジェット」と「さくらジンベエ」が子どもたちの人気を集めている。

退役機――両社の発展とともに歩んだ伝説の名機たち

ＪＡＬとＡＮＡがすでに退役させた機種のなかには、多くのファンから「名機」と慕われたものがいくつも存在する。

その代表格が〝ジャンボ機〟ボーイング７４７だろう。機体前方に2階席があるため独特な形状をしたボディ、大きな主翼に装備されたパワフルな4つのエンジン

を確認できた。——747はどの角度から見ても、遠くからでも、その個性的なシルエットで機種

ひと口にジャンボ機といっても、そのタイプはいろいろだ。国際舞台で最後まで活躍してきたのは、いわゆる「ハイテクジャンボ」といわれる747-400。主翼先端に装備された空気抵抗を軽減させるためのウイングレットがシンボルマークだった。国内線では、短い距離を1日に何回も往復するため胴体や床面の構造を強化した747-400Dというタイプが使用された。

世界でも最多の計100機を超える747を導入したJALは、「ジャンボ機王国」などともいわれた。そのなかにはさまざまなタイプのものが存在し、国内外の空で活躍している。

前述した747-400Dとともに国内の空をリードしてきたのが、SRといわれるタイプ。SRとは「ショートレンジ(短距離)」の略で、離着陸する回数の多い国内線の事情に合わせて開発された。初代のジャンボ機747-100の着陸耐用限度が約2万4600回だったのに対し、747SRでは約5万2000回と脚部(きゃくぶ)が大幅に強化されている。このタイプのジャンボ機は、世界でも過去に日本でしか飛んでいない。

JALに747−100の1号機が納入されたのは1970年(昭和45)で、就航後は日本経済の高度成長と歩調を合わせ、空の大量輸送時代を引き寄せた。

その−100のエンジンを改良し、航続性能を高めたモデルが−200Bで、長い航続距離を活かしてニューヨークへの直行便などに投入される。そしてクラシックジャンボの最終モデルとなったのが、旧型の2階席を後方に約7メートル延長した747−300。2階席だけで最大63名の乗客が乗れるようになり、このボディの形はのちの−400にも引き継がれていった。

JALのジャンボ機がついにその歴史に幕を下ろしたのは、2011年(平成23)3月だった。退役の日が近づくにつれ、残された数少ないシーンを写真に収めようと、就航各地の空港デッキや撮影ポイントに連日詰めかけたファンたち。搭乗客も、それが自分にとってジャンボと過ごす最後の時間になることを意識しながら、優雅なフライトに身をゆだねる。なかには旅行でも出張でもなく、ただ思い出をつくるためだけにジャンボで単純往復する人もいた。

世界の空で活躍をつづけるANAでも、その歴史のなかで「ハイテクジャンボ」と呼ばれた747−400が果たしてきた役割はきわめて大きい。日本を代表するエアラインとしてANAが大きく翼を広げてきたその中心に、いつも747−40

2011年に退役したJALのボーイング747-400

ANAの747-400は2014年に退役

0がいた。

本格的な国際線就航は、1991年（平成3）の成田〜ワシントンDC線だ。747－400を導入するエアラインの多くが当時、近距離の国際線に就航させていたなかで、ANAは747－400をフライト時間が10時間を超える長距離路線に投入。その後も着実に就航地を増やし、北米路線や欧州路線のほとんどをカバーする主力機材に成長した。国際線ネットワークの拡大や増便はいつだって747－400がその役割を担い、新しいサービスや先進的なキャビンの導入も747－400からはじまった。

「双発機はエンジン1基が止まると緊急着陸しなければならないけれど、4発機は1基が止まってもそのまま飛行をつづけられるので安心ですよ」

「ギャレーが広くて働きやすいですね」

「客室は他の機種とくらべて圧迫感がない。快適です」

「優雅に飛び立った姿を、背中から見ているのが好き」

さまざまな立場でジャンボ機の魅力を語る声が、いまもあちこちから聞こえてくる。

海外の主要空港で、これまでANAカラーの747－400をどれだけ目にしてきたことだろう。そんなANAの国際線ジャンボ機が成田空港の51番スポットで静かに翼を閉ざしたのは、2011年3月21日。ラストフライトはグアムからのNH1987便だった。

国内の空ではその後も747-400Dが飛びつづけたが、2014年（平成26）4月には多くのファンたちに惜しまれながら国内線ジャンボ機も退役した。ジャンボ機への思いは、人それぞれだろう。そのポテンシャルと美しさに魅了されたファンたちは、失ったものの大きさを感じながら、思い出を胸にしまいこんだに違いない。

その他の機種で人気が高かったのが、JALではダグラスDC-10、ANAではもっとも個性的な機種といわれたボーイング727だろう。いずれも現在では見られない、3基のエンジンを搭載した3発機である。

DC-10はダグラス社が手がけた初のワイドボディ機（通路が2本の機種）で、JALグループでは1976年（昭和51）から国際線を中心に22機を導入・運航してきた。パワフルで個性的なスタイルは、退役したいまもファンたちから根強く支持されている。ボーイング747では大きすぎる路線などに投入され、名脇役としての活躍をつづけてきた機種だ。

ＪＡＬは国内線でもＤＣ－10を運用していた。導入したのはＰ＆Ｗエンジン搭載の、世界でも希少モデルだった40型。高い推力を持ち、距離の短い国内線ではその推力を絞りながら飛べるので、騒音が抑制できるといったメリットもあった。ＪＡＬフリートのなかでも当時は〝花形〟として活躍したが、２００５年（平成17）10月に惜しまれながら退役。時代の主役は３発機からエンジン２基の双発機に移行していった。

ＡＮＡの国際線初就航の立役者となったロッキードのＬ－１０１１トライスターも同じ３発機だが、もっとも個性的な機種として人気を集めたのは１９６０年代に登場したボーイング７２７だ。７２７は３基のエンジンがすべて機体後部に集中し、そのうちの１基は空気の吸い込み口が垂直尾翼を貫通（かんつう）するようにデザインされていた。「燃焼ガスをおしりから排出して進むあの独特のスタイルがかっこよかったですよね」と、かつての雄姿（ゆうし）を懐かしむ声が少なくない。

初期の７２７－１００は１９７４年（昭和49）に運航を終えたが、長胴型の７２７－２００は１９９０年（平成２）まで活躍。国内ローカル線のジェット化に大きく貢献した。

4章

◉ファーストクラス、ビジネスクラス、機内食…

国際線サービスの違いを読みとく

ファーストクラスシート——優雅な空の旅を約束する両社自慢の最新設備とは？

ＪＡＬの国際線ファーストクラス「JAL SUITE」は、〝居心地〟というレベルを超えて空の上にいることを忘れさせるような「住まい」をめざしてデザインされた。

２０１３年（平成25）1月、成田発ロンドン線のボーイング７７７－３００ＥＲに搭載されたのを皮切りに、ニューヨーク、シカゴ、ロサンゼルス、ジャカルタ、シドニー、サンフランシスコ、パリなどの路線でも運航。シート配列は「１－２－１」で座席数は8席のみだ。

プライバシーに配慮して全席がパーティションで囲まれたシングル設計になっているが、中央の2席のあいだのパーティションは開閉が可能で、同行者とツイン仕様として空間を共有することもできる。

やわらかく曲線を描(えが)くパーティションは、プライベート空間を守りながらも閉塞(へいそく)感(かん)はまったくない。木目調(もくめちょう)の落ち着いたインテリアは家具がすっきりと配置され、リビング、ダイニング、書斎、寝室と「住まい」に求められるどんなシチュエーションにも対応する。

シートをベッドモードにすると、全長約199センチメートル・最大幅約84センチのフルフラットベッドに。ベッドにした場合、アームレストが下がるので、フラットなスペースはさらに広がる。

このゆったりしたくつろぎの空間に敷かれるのが、究極の眠りを実現するオリジナル仕様の「エアウィーヴ DUAL MODE（デュアルモード）」のマットレスだ。寝具の上に敷くだけで快眠をサポートする日本生まれのオーバーレイマットレスは、あらゆる方向から身体を支えて体圧を分散させて寝返りを改善。スポーツ選手に愛用者が多いことでも知られる。片面が硬め、もう片面が柔らかめになっていて、好みの寝心地を選べるのも特徴だ。

また「エアウィーヴピローS-LINE（エス・ライン）」は、横向きになっても頭の高さを保ち、首や肩にかかる負担を軽減する特別設計で、快適な眠りをサポートしてくれる。

ANAのファーストクラスのブランド名は「ANA FIRST SQUARE」。ボーイング777－300ERで運航する成田および羽田発着の欧州線と北米線に設定された。「1－2－1」（パーティションを使うと「1－1－1－1」）の座席配列で、やはり全8席のみがレイアウトされた。

JAL国際線ファーストクラス「JAL SUITE」(写真:チャーリィ古庄)

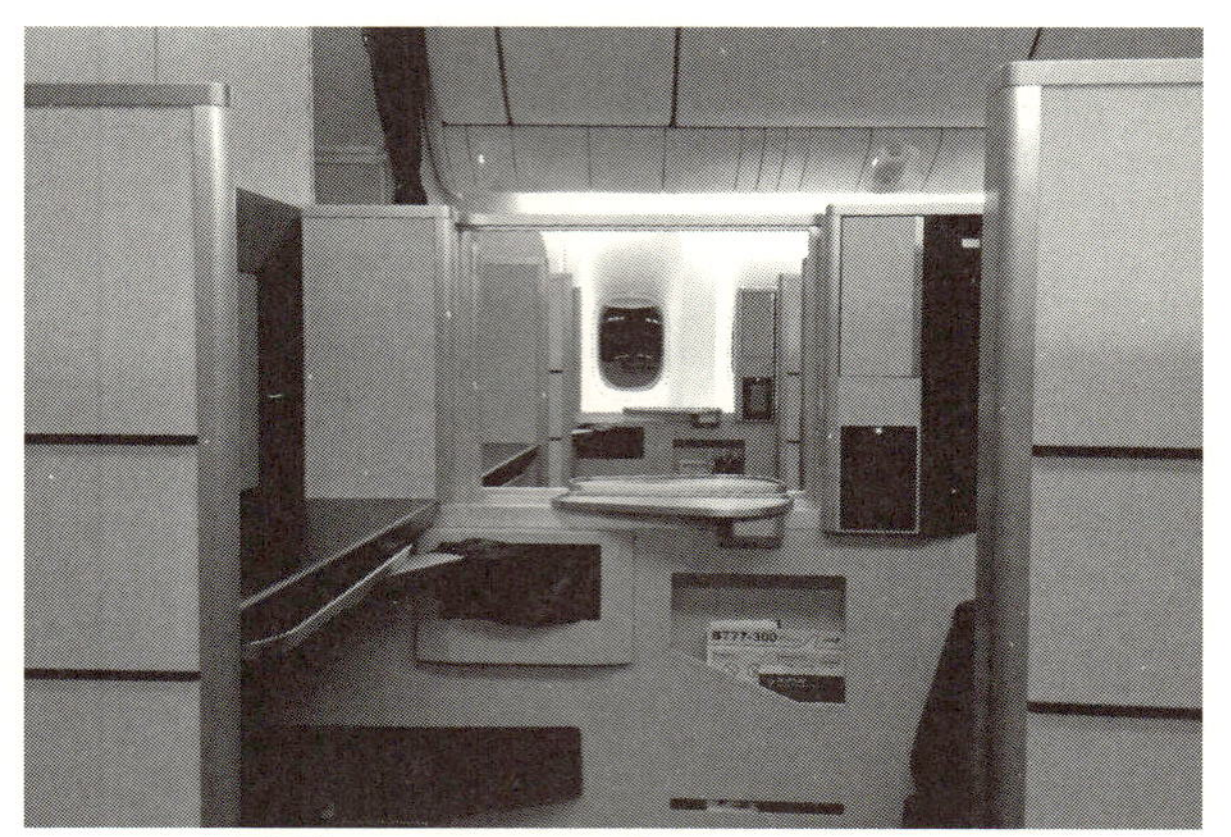

ANA国際線ファーストクラス「ANA FIRST SQUARE」

座席はシングル仕様で、格調高い木目張りの壁面によりスクエア型のおしゃれな空間を実現。就寝時にはシートは１８０度のフルフラットベッドになる。シート幅は約84センチと広く、快適だ。

ベッドには東京西川の特殊立体構造マットレスやとても軽いコンフォーター、高級カシミヤのブランケットなども用意されている。各座席はヘッドレスト、レッグレスト、フットレスト、電源コンセプトやＵＳＢポートももちろん装備。ジャケットやコート、シューズを収納する専用スペースも備わり、至れり尽くせりだ。

なお、２０１９年春にハワイ・ホノルル線に就航する総2階建て機エアバスＡ３８０には新開発のファーストクラスが設置される予定だ。

あの広大なスペースにどんなプロダクトが導入されるのか、いまから心待ちにしているファンも多いだろう。

ビジネスクラスシート——ＡＮＡは世界初のスタッガード型　ＪＡＬはホテル感覚の個室型

飛行時間などの路線特性や導入している機材により、ＪＡＬ、ＡＮＡともにいくつかのタイプに分かれるのが国際線のビジネスクラスだ。

両社でその「最高峰」といわれるのが、ＡＮＡではボーイング７７７－３００ＥＲや７８７に搭載された「ANA BUSINESS STAGGERED」、ＪＡＬでは同じく７７７－３００ＥＲや７８７に導入されている「JAL SKY SUITE」である。

長距離国際線を飛ぶ大型機のビジネスクラスは、２本の通路をはさんで横１列を「２－２－２」の計６席でレイアウトするのがかつては主流だった。

しかし各社ともグレードアップを進め、それぞれに個性を打ち出してきた結果、最近は横１列が「１－２－１」の計４席のみという贅沢（ぜいたく）極まるシート配置が登場している。「１－２－１」とはつまり、全席が通路側だ。「プライバシーが守られるうえに、どの席からもダイレクトに通路に出られるので、トイレなどに立つさいも隣の乗客を気づかう必要がない」と利用者からの評価も高い。

ところが全席が通路側となる「１－２－１」の各列４席配置だと、設置できるシート数は当然減ってしまう。このクラス特有のゆったりした広いシートピッチ（座席の前後間隔）のままでは、従来の「２－２－２」にくらべて、単純計算で３分の２しか席数を確保できない。

上級クラスの需要が伸びているなかで、売れるのに供給量が足りないというのでは、みすみすビジネスチャンスを逃してしまう。そこで「1－2－1」配列を導入した各社は、それぞれに独自の工夫をシート設計に取り入れることになる。そうしたなかで世界に先駆けて誕生させたのが、ＡＮＡの「スタッガード型」というタイプの座席だった。

スタッガードとは、英語で「ジグザグの」といった意味で、１８０度水平に倒れるフルフラットシートを前後で「互い違い」の形でレイアウト。ベッドにしたときに後ろの席の乗客の足が前の席の大型サイドテーブルの下にもぐりこむような設計にして、需要を満たす座席数を確保できるようにした。プライベート感覚にあふれるシート配置である。

これに対してＪＡＬが完成させたビジネスクラスシートは、パーティションで囲われた長方形の個室型ブース。隣り合う個々の長方形ブースを前後にずらして配置することで、どの席からも通路へダイレクトにアクセスできる〝道〟を生み出した。利用してみると、飛行機に乗るというより、どこか一流ホテルにチェックインして部屋に通されたような感覚に近い。こちらも長時間フライトがまったく苦にならないほど快適だった。

先に述べたように、両社とも路線によってビジネスクラスに他のタイプのシート

ANA国際線ビジネスクラス「ANA BUSINESS STAGGERED」

JAL国際線ビジネスクラス「JAL SKY SUITE」

も導入している。

ＡＮＡは東南アジア線など中距離路線の一部で「ANA BUSINESS CRADLE」というシートを設定。前席の背もたれが倒れてこないバックシェル型を採用し、ゆりかご（CRADLE）に身体をゆだねているような心地よさを実現した。７６７－３００ＥＲ（２０２席仕様機）では横１列が「２－１－２」というあまり例を見ないユニークなシート配列でレイアウトされている。

また２０１７年（平成29）1月から中国線などの近距離路線で導入がスタートしたエアバスＡ３２０neoには、電動式の新しいリクライニングシートを搭載。シートピッチは50インチ（約１２７センチ）もあり、これまでの小型機にはない快適な移動を実現した。

ＪＡＬは中距離線用７６７－３００ＥＲの新仕様機にスタッガード型の「SKY SUITE Ⅱ」を導入。また７７７－２００ＥＲと７８７－９の一部には座席を斜めに配置したヘリンボーン型の「SKY SUITE Ⅲ」を採用した。キャビン全体を上から見ると魚の骨（ヘリンボーン）のように見えることから、ヘリンボーン型と呼ばれている。

プレミアムエコノミー——新しい「中間クラス」は機能も快適性も進化中

JALは最新のプロダクトである「JAL SKY PREMIUM」の導入路線を拡大。ボーイング777－300ERと787－9の全機、また787－8の新仕様機と777－200ERの新仕様機に設定している。「憩(いこ)い」をコンセプトにしたシートで、リラックスできる空間を利用者に提供してきた。

シートピッチは従来よりも約10センチ広がった。リクライニングの状態でも、前の座席の背もたれが倒れてこないバックシェル型の構造で、つねにゆとりある居住空間が保(たも)たれ、ロングフライトでもストレスを感じない。

座席配列は777シリーズで「2－4－2」、787シリーズでは「2－3－2」のレイアウト。足もとには大型レッグレストや3段階で調整できるフットレストがある。座席間にはセンターディバイダーも装備され、隣の乗客を気にすることもなくなった。

ほかにA4サイズのノートパソコンが置ける大型テーブルやUSBポート、PC電源など便利な機能も充実。アイマスクや耳栓、歯ブラシセット、スリッパなどワ

JAL国際線「JAL SKY PREMIUN」

ANA国際線「PREMIUM ECONOMY」(写真:チャーリィ古庄)

ンランクアップしたアメニティキットも配られる。出発前にはサクララウンジ（154ページ参照）を利用できるのも嬉しい。

いっぽう、2002年（平成14）に日本の航空会社で最初にプレミアムエコノミーの導入を開始したのがANAだ。現在は欧米線の777－300ERと787－9の全便、および一部の787－8に設定している。ホノルル線の全便や東南アジアへの便などにも同サービスは拡大中だ。

新しいプレミアムエコノミーシートは、旧シートにくらべて座席幅が3センチ以上広がるなど、快適性が一段とアップした。

座席配列はJALと同様に、777シリーズが「2－4－2」、787シリーズは「2－3－2」のレイアウト。可動式のレッグレストやフットレスト、ヘッドレストなどもちろん全席に完備している。折りたたみ式の大型テーブルや個人用のLED読書灯なども使い勝手がいい。

さらには電源コンセントやUSBポートなど、機内で仕事をしながら移動したいという人たちのためにビジネス機能も充実させている。

エコノミークラス——両社ともにシートのスリム化で足もとゆったり！

「世界へ飛び立つすべてのお客さまへ、かつてない快適な空の旅をお約束する」

そんな目標のもと、JALが「新・間隔エコノミー」をうたって開発した新しいプロダクト「JAL SKY WIDER」は、777−300ERの全機および777−200Rと767−300ERの新仕様機、そして一部の787−9に搭載されている。

特徴は、設計の工夫により快適な座り心地を維持しながらシートの背もたれ部分を約3センチ薄くし、シートピッチを最大7センチ広げたこと。結果、足もとは従来にくらべて約10センチも広くなり、プロダクト名のとおりの〝新・間隔〟を実感できる世界最大級のスペースを実現した。

また2016年（平成28）6月に導入した777−200ERではシートの並び方も見直し、777シリーズで一般的だった「3−3−3」に代えて横1列が同じ9席でも「3−4−2」の配列を採用。2〜4人連れの人数に合わせて、それぞれが並び席を確保したり、通路へのアクセスが容易になるように配慮している。

さらに７８７シリーズでは横1列9席が一般的だが「JAL SKY WIDER Ⅱ」では横1列8席に席数を減少させた。横幅がプラス5センチとゆったりとした配置に変わっている。

ＡＮＡも最新のスリムライン（薄型）シートを、７７７－３００ＥＲの一部と７８７－９、７８７－８、エアバスＡ３２０ｎｅｏに導入した。前席の背もたれ部分に従来にくらべて厚みのない個人用モニターを採用したことで、快適性を保ったままシートのスリム化を実現している。

シートピッチは最大約86センチに。体形に合わせて上下に動かせるヘッドレストやフットレスト（Ａ３２０ｎｅｏ

JAL国際線「JAL SKY WIDER」（写真:チャーリィ古庄）

には未装備)もある。座席配列は777－300ERが「2－4－3」の横1列9席か「3－4－3」の10席、787シリーズが「3－3－3」の9席だ。

また777－300ERの一部と767－300ERの一部には、バックシェル型のシートを導入した。「前の席の背もたれが自分のほうに倒れてこないので、圧迫感がなくていい」と利用者たちからも好評のようだ。座面と背もたれがスライドする設計で、リクライニングと同等の快適さが約束されている。

電源コンセントやUSBポートなども、ほとんどの機材で標準装備になった。

機内食——ファーストからエコノミーまでこだわり抜いたメニューが揃う

まずは上級クラスから——。

ANAの機内食は「THE CONNOISSEURS(ザ・コノシュアーズ)」がプロデュースしている。

CONNOISSEURSとは「その道を極めた目利き(めき)・匠(たくみ)」という意味。国内外の著名シェフ、酒やコーヒーのプロフェッショナル、ANAの機内食を担当するケータリング会社のシェフによる総勢24人のチームだ。

　全員でひとつの料理をつくるのではなく、路線や提供する期間、クラスによって担当が変わる。ファーストクラスやビジネスクラスは外部の著名シェフがプロデュースすることも多い。メンバーには「京都吉兆（きっちょう）」総料理長の徳岡邦夫（とくおかくにお）氏やパティシエのピエール・エルメ氏なども名を連（つら）ねている。

　ファーストクラスの食事は、会席スタイルの和食や洗練されたモダンヨーロピアンの洋食コースなどで、「最高の味わい」と評価が高い。ビジネスクラスも、「THE CONNOISSEURS」による四季折々の食材を使ったこだわりのメニューを路線や季節に合わせて用意している。

　たとえば、2018年（平成30）9月からの和食メニューでは「銀座奥田」店主の奥田透（おくだとおる）氏がプロデュースしたコースを提供。品のある味わいのカマスと風味豊かな大黒本しめじの出会いが絶妙な主菜をはじめ、ひと品ひと品丹精（たんせい）込めて仕上げた和食の粋を楽しめる。

　いっぽう、「日本料理　龍吟（りゅうぎん）」の山本征治（やまもとせいじ）氏やフランス料理「SUGALABO（スガラボ）」の須賀洋介氏、料理プロデューサーの狐野扶実子（このふみこ）氏、日本料理「くろぎ」の黒木純（くろぎじゅん）氏、創作料理「山田チカラ」の山田チカラ氏——グルメ好きなら思わずニヤリとしてしまうスターシェフで構成されるのが、ＪＡＬの国際線ファーストクラスとビジネスクラスの機内食をプロデュースするドリームチームだ。

ＪＡＬは２０１３年（平成25）１月より、新しい機内食のサービスを開始した。それが「空の上のレストラン」をコンセプトにした「スカイオーベルジュＢＥＤＤ（ベッド）」である。

ドリームチームの名シェフが機内食のために特別に考案した、３か月ごとに変わる季節を反映した和と洋のコース料理のほか、好きなタイミングで注文できてホッと和める優しい味のアラカルトメニューも充実。ビジネスクラスの和食コースでは日本料理の名だたる名店で修業を重ねて「本物の和食」を追求し「いちばんの隠し味はまごころ」という黒木純氏考案のメニューなどが、洋食では「和と洋の垣根を越えた山田チカラというジャンルのお料理をご堪能ください」という山田チカラ氏考案のメニューなどが人気である。

つづいて、エコノミークラス――。

ＡＮＡの日本発国際線のエコノミークラスでは、利用者のＳＮＳ投票で機内食メニューを決める「機内食総選挙」を２０１３年から実施。２０１７年（平成29）の選挙では和食１位に「牛すきやき丼」が、洋食１位に「ビーフシチューとオムライ

ANA国際線上級クラスの機内食

JAL国際線上級クラスの機内食

写真：2点ともチャーリィ古庄

ス」が選ばれ、同年12月以降の機内で提供された。

6年目を迎えた2018年（平成30）は「ご当地カレー総選挙」を企画。中国・四国の食材を使った9種類のご当地カレーがノミネートされている。

またANAのホノルル線では、ハワイ到着前からリゾート気分を味わえる「リゾートプロジェクト」も2014年（平成26）からスタート。エコノミークラスの洋食にロコモコやパンケーキなどハワイらしいメニューが登場している。

プレミアムエコノミーの利用者だけが楽しめるメニューもある。アルコール類は、スパークリングワインやビジネスクラスで提供する日本酒、ワインなど。小腹を満（み）たせるミニそば（北米、アジア路線）やミニラーメン（ヨーロッパ路線）、スープ、ビジネスクラスのデザートなどがオーダーできるようになった。

「食事が楽しみなのでJALに乗りたい」

利用者にそう思っていただきたいという気持ちからはじまったプロジェクトが「JAL KITCHEN GALLERY」だ。

国際線エコノミークラスおよびプレミアムエコノミーでは、2017年（平成29）9月より料理コンペティション「RED U-35」で選ばれた6名の歴代ファイナリストによる新メニューが、日本発の中・長距離路線に登場した。和食、フレンチ、中華など多彩なジャンルの料理が、季節ごとに楽しめる。

日本発の欧米線と豪州線の２食目は、おなじみの味がＪＡＬの機内だけで食べられる特別な味にアレンジされて登場する「ＡＩＲシリーズ」が人気だ。

現在（２０１８年11月）の提供メニューをホームページで覗（のぞ）いてみると、「ＡＩＲ吉野家の牛丼」が掲載されていた。ご飯と「牛肉」を別々に食べる「牛皿」として、ひと味違ったおいしさも味わえるようだ。

ドリンクサービス——上級クラスでは高級銘酒を堪能できる

ＡＮＡがファーストクラスで提供しているシャンパンは、１９８６年（昭和61）の国際線初就航時からずっとつづいている極上の一品「シャンパーニュ・クリュッグ・グランド・キャヴェ」を含む２種類。

赤ワインは食後酒を含めて５種類、白ワインは４種類を用意している。日本発着の欧州線の赤と白のワインをセレクトしているのは、世界最優秀ソムリエにも輝いたオリヴィエ・プーシエ氏だ。

また日本酒は「紀土あがらの純米大吟醸」など3種類を、焼酎は稀代の銘芋焼酎といわれる「村尾」など3種類を揃えた。いずれも日本酒に精通している「THE CONNOISSEURS」メンバーの太田和彦氏によるセレクションである。

ＪＡＬのファーストクラスのワインも好評である。セレクトしているのは、マスター・オブ・ワインの称号を持つ大橋健一氏とＪＡＬワインアドバイザーの大越基裕氏。赤は食後酒も含めて5種類、白は4種類を揃えた。

シャンパンは「幻のシャンパン」メーカーとして知られる仏サロン社の「シャンパーニュ サロン２００６」など2種類を用意している。

とくに「サロン２００６」は高名なフランス料理レストランでも入手が難しいとされるものだ。それをＪＡＬはエアラインとして世界で唯一、扱うことが許されている。日本酒や焼酎も逸品揃い。なかでも「本格焼酎 森伊蔵」は誰もが知る高級銘柄である。

ビジネスクラスのワインは、大越基裕氏とソムリエ資格を持つ客室乗務員が、世界各国のワイナリーから厳選している。シャンパンは「サロン」の姉妹メゾンのドゥラモット社の名品を、日本酒や焼酎も名品を集めている。

ラウンジサービス——両社が工夫を凝らす新たな試みとは？

ＪＡＬは成田空港や羽田空港、関西空港で専用ラウンジを設置している。

成田空港では本館３階と４階、サテライトの計３か所に「ＪＡＬファーストクラスラウンジ」と「サクララウンジ」を展開。出発前の利用者に、ゆっくりとくつろげる空間を提供し、旅のはじまりを演出してきた。

ゆったりとソファが配置されているだけでなく、ダイニングビュッフェやビジネスコーナー、個室での無料マッサージ（本館３階）なども用意され、それぞれの目的に応じて思い思いに利用することが可能だ。

そんなラウンジサービスのなかでも特筆すべきは、２０１４年（平成26）８月に羽田空港の国際線ターミナルに誕生した「ＪＡＬファーストクラスラウンジ」だろう。オープン前に報道陣を集めて開催した内覧会でも、集まった記者やカメラマンから「こんなラウンジ、見たことない！」という声があがっていた。

最初に目につくのが、大人の隠れ家をイメージした「レッド・スイート」と呼ぶ空間だ。１９５０年代にＪＡＬのパイロットが使用したバッグや制帽、歴代航空券などが展示され、その先には日本酒とローラン・ペリエ社のシャンパンなどを揃えたバーコーナーも。パイロットがフライトで使うジェプセン社の航路図を壁紙に用いた内装もおしゃれである。

新しい、と感じたサービスもいくつかあった。ひとつは、シェフが目の前で鉄板を使って特製パンケーキや黒毛和牛&黒豚のハンバーグを焼いてくれる「鉄板ダイニング」。従来のビュッフェスタイルの食事とは違った、いわば〝食のライブ・サービス〟で、調理している姿を見ているだけで楽しい。

もうひとつが英国の高級靴メーカー「JOHN LOBB」とのコラボで実現した「靴磨き」のサービスである。

旅に出る前の身支度としてお気に入りの靴が専門スタッフの手できれいに磨かれれば、気分も新たに海外へ旅立てることは間違いない。このサービスは、のちに成田の「JALファーストクラスラウンジ」にも波及している。

ANAでも成田空港と羽田空港に複数の大型ラウンジを展開している。ファーストクラスの利用者とマイレージの最上位会員「ダイヤモンドサービス」メンバーが対象の「ANA SUITE LOUNGE」や、ビジネスクラス利用者と「プラチナサービス」メンバー、スーパーフライヤーズ会員が対象の「ANA LOUNGE」だ。

羽田空港内の「JALファーストクラスラウンジ」

JALファーストクラスラウンジの靴磨きサービス(写真:時事)

各ラウンジのコンセプトは「ジャパニーズモダンコンフォート」。広々としたエリアに間隔をあけてソファを配置し、ダイニングビュッフェの食材も充実している。高級アメニティを揃えたシャワー室の利用者も多い。専門のシェフが握り寿司などをサービスする「シェフサービス」も提供されている。

なかでも個々にオーダーして茹で立てのそばやうどんが楽しめる「ヌードルバー」は、いまやANAの空港ラウンジの名物になった。「お腹がふくれて機内での食事を制限しなければならなくなっても、ここで必ずそばを食べてから出かける」と話す利用者も少なくない。

羽田空港国際線ターミナル本館の

成田空港内の「ANA SUITE LOUNGE」

「ANA SUITE LOUNGE」には、深夜便の旅客向けに「DINNING h」をオープン。シェフを常駐させ、どんな時間帯に足を運んでも、つくり立ての温かい料理を用意してくれる。オーダーを聞いてからつくるメイン料理に、街なかの一流レストランに来たような錯覚についい陥ってしまう。

5章

◉上級クラス、普通席シート、ラウンジ…

国内線サービスの違いを読みとく

上級クラスシート――ANAは「プレミアムクラス」JALは「ファーストクラス」を導入

国内線のフライト時間はせいぜい1時間から2時間程度。もっとも遠い沖縄でも約3時間で着いてしまう。そのため、かつてはあまり豪華なシートや手厚いサービスを乗客は期待しない時代がつづいた。

けれども昨今はビジネス客を中心に、移動時間はできるだけくつろぎたい、あるいは仕事にもっと集中したいというニーズが増加。ＡＮＡもＪＡＬもそうした声に応える形で、国内線にも上級クラスのサービスを導入した。ＡＮＡの「プレミアムクラス」とＪＡＬの「ファーストクラス」がそれだ。

ＡＮＡのプレミアムクラスは、ボーイング７７７シリーズや７８７シリーズの中・大型機をはじめ、小型機の７３７シリーズやエアバスＡ３２１にも導入している。

普通運賃で比較した場合の差額は、プラス９０００円。座席仕様は機材によって異なり、もっとも新しいのが２０１７年（平成29）９月に就航したＡ３２１ｎｅｏのシートだ。

国内線では初となる個人用モニターが完備した電動シートで、これまでの手動式と違ってボタンひとつでリラックスポジションにしたり、もとの状態に戻せたりする。背もたれやフットレストもワンタッチで動き、ヘッドレストとフットレストを自分で動かせば自分なりのリラックスポジションが完成。ノートパソコンをつなぐ電源コンセントや、スマートフォンを充電するＵＳＢポート、フリーアームの個人用読書灯なども備（そな）えている。

Ａ３２１ｎｅｏのプレミアムクラスの座席配置は、通路をはさんで「２－２」の１列4席。それが2列で計8席をレイアウトした。シートピッチは約１２７センチメートルでかつてとはくらべものにならないほど足もとのゆったり感が増している。

ＪＡＬが導入した国内線唯一（ゆいいつ）のファーストクラスは、ボーイング７７７－２００と一部の７６７－３００ＥＲに設定。７７７－２００では「２－２－２」の配列で計14席を、７６７－３００ＥＲでは「２－１－２」の配列で5席のみをファーストクラスにしている。シートには高級感あふれる本革を使用した。７７７－２００の同クラスのシートピッチは１３０センチにも達する。まさにプライベートソファのような座り心地だ。

レッグレストやフットレスト、ヘッドレストなども装備。プライバシーを守るた

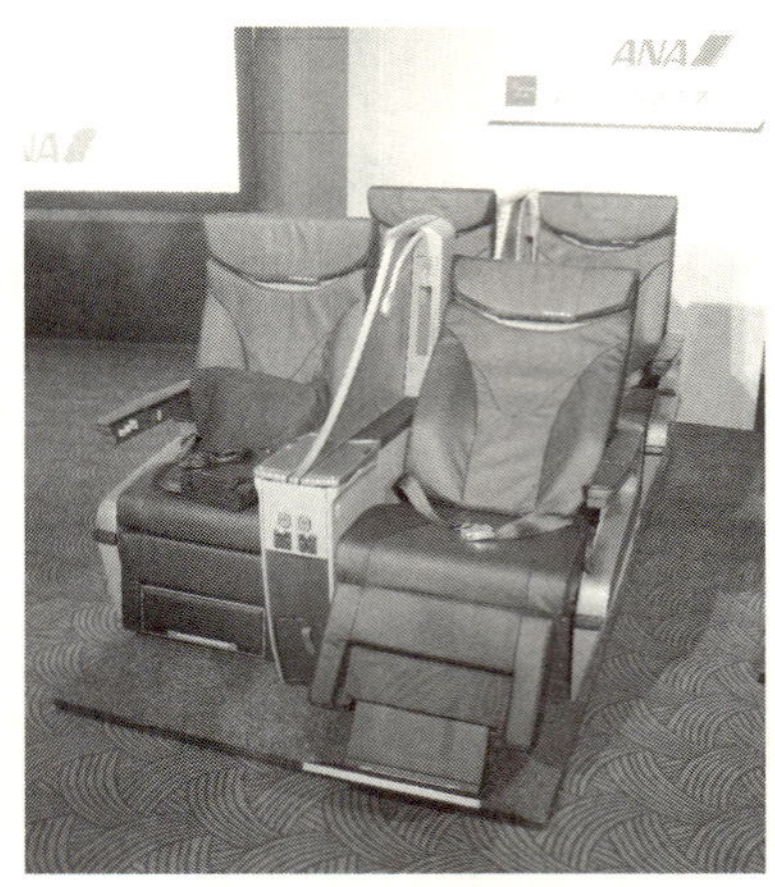

ANA国内線
「プレミアムクラス」
シート
（写真:チャーリィ古庄）

導入当時のJAL国内線「ファーストクラス」シート（写真:時事）

めのパーティションや、1枚板の木目調大型テーブル、フリーアームの個人用読書灯も完備し、座席下にはアタッシュケースなどが収納できるスペースも用意した。

料金は普通運賃にプラス8000円。それでこのシートを使えるとあって、お得感はきわめて高い。

JALは国内線ファーストクラスに先駆けて2004年（平成16）から「クラスJ」も導入している。普通席とくらべてゆとりあるシートを設置し、シートピッチは普通席よりも約18センチ拡大。シート幅も平均47センチの広さだ。

深いリクライニングやレッグレストなどの機能も充実していて、普通席運賃にプラス1000円で利用できる。目的地での支出を少し抑えるだけで機内で贅沢な空間を手に入れられる、価格以上に価値あるサービスといえるだろう。

普通席シート——両社ともに新型シート投入で「狭い」イメージを一新！

「JAL SKY NEXT」の導入を進めてきたJALは、2017年（平成29）に全クラスのプロダクトを一新させた。

「ひとつ先のスタンダード」をテーマに、リニューアルの対象となった機材では普通席もすべて本革仕様に。高級乗用車や高級家具などに使われる高品質な本革を使用したシートは、柔らかくなめらかな素材感が座っていて心地よい。クッション形状にも工夫を凝らし、より深いホールド感を実現した。

JAL SKY NEXTが搭載されているのは、ボーイング７７７－２００／－３００と７６７－３００／－３００ＥＲ、７３７－８００の全77機だ。本革の採用のみならず、シート自体をスリム化したことで足もとのスペースが従来にくらべて最大で約５センチメートルも広がった。「エコノミーだから狭くても仕方がない」というそれまでのイメージを、見事に払拭してしまったのだ。

７７７シリーズは「３－４－３」、７６７シリーズでは「２－３－２」の座席配列でJAL SKY NEXTの普通席はレイアウトされている。

ＡＮＡの国内線普通席の最新プロダクトは、前項の上級クラスシートでも紹介した２０１７年９月就航のエアバスＡ３２１ｎｅｏに搭載された薄型軽量シートだ。

すべてのシートにタッチスクリーン式の10インチ個人用モニターを装備したのも、国内線普通席では初めてのこと。「普通席もついにここまできたか！」とつい つぶやきたくなる。パソコン用の電源やＵＳＢポートも全席に設置されているほか、

JAL国内線普通席のシート

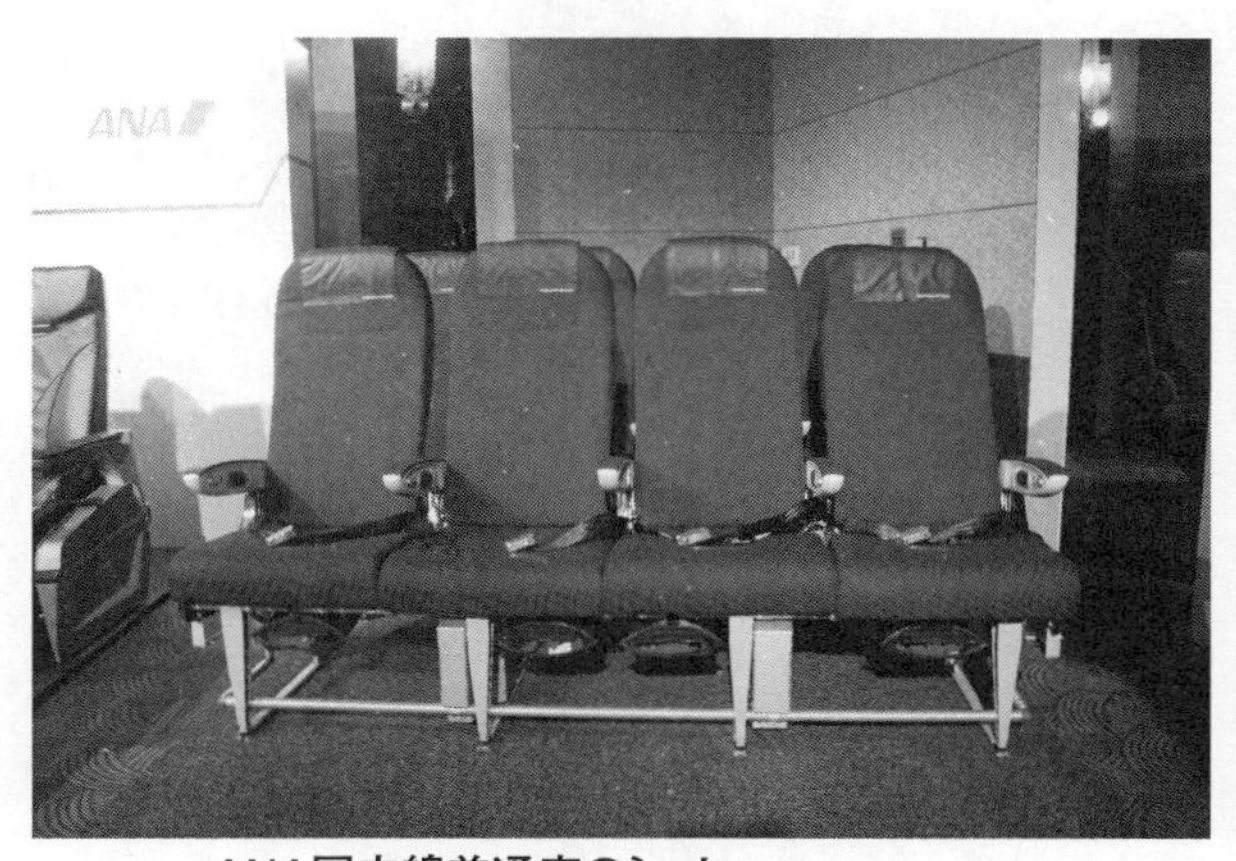

ANA国内線普通席のシート(写真:チャーリィ古庄)

シートポケットにはネットタイプの小物入れもついているので便利だ。

現行の777シリーズや一部の767－300、737－800でも、足もとのスペースを広げて快適さが増したシートにリニューアル。さらに2019年度下期より、国内線主力機材の777と787にも個人用モニターやPC電源、USBポートを設置することが発表されている。

上級クラス機内食——有名店&一流シェフとのコラボで新メニューが続々登場！

ANAの国内線プレミアムクラスでは、全便で食事と飲み物が無料で提供される。朝食、昼食、軽食、夕食と時間帯によってバラエティ豊かなメニューが用意され、空の旅の楽しみがまた増えた印象だ。

たとえば羽田・伊丹（いたみ）・新千歳・福岡・那覇出発便の夕食では、有名料理店とのコラボレーションによるメニューを味わえる。

一例が、乃木神社に程近い赤坂通り沿いに静かにたたずむ会席料理店「乃木坂しん」。2017年（平成29）、2018年（平成30）と連続でミシュラン一つ星を獲得した店の店主が長年培（つちか）った日本料理の技をもとに、日本全国の自然が育てた豊かな食材を余すところなく活かした繊細な会席料理を提供している。料理に合うみずみずしいワインや日本酒が多彩に用意されているのも嬉しい。

羽田・伊丹・新千歳・福岡・那覇以外の出発路線では、各地の個性的な食事を楽しみたい。岡山発の食事は、岡山名物「祭ずし」だ。ほんのり甘い酢飯の上に錦糸玉子、エビ、ママカリ、アサリやシメジなどを彩りよくちりばめた。おかずには、岡山県産備中森林鶏のゆずみそ焼き、牛肉とゴボウのしぐれ煮、脂の乗ったサバの照焼きや小芋となすの田楽みそがけが用意されている。

また秋シーズンの高知発の食事は、この季節だけの四方竹を使った炊き合わせ、ブリの塩焼きなど。四方竹は高知県南国市白木谷が栽培発祥の地といわれている珍しいタケノコで、断面が四角いことから四方竹と呼ばれているそうだ。

軽食の時間帯のフライトでは、バラエティに富んだ茶菓とANAオリジナルの軽食が提供される。茶菓は持ち帰りもでき、その場では食べないでバッグにしまいこむ乗客もよく見かける。

JALの国内線ファーストクラスでも、時間帯にかかわらずすべての便で機内食がサービスされる。

とくに夕食時（17時以降。沖縄発着便は到着時間が18時以降）のフライトでは、日本が世界に誇る有名店とのコラボを実施。季節感あふれるメニューが提供されてきた。たとえば、２０１７年1月の夕食メニューは以下のとおりである。

この時期の提携店は、石垣島から高速船で40分、面積の9割を亜熱帯の原生林で覆われた日本最後のサンクチュアリと讃えられる西表島最大規模のリゾートホテル「ホテルニラカナイ西表島」だ。

提供される食事は、八重山漁港から3つの贈り物（アーサーのプリン、モズクの洋梨風、セーイカのエスカベーシュ）の前菜と西表島プロヴァンス風メイン料理（やんばる地鶏の西表産黒糖焼きトロワ・レ

ANA国内線の機内食（写真:チャーリィ古庄）

ギューム)。地元産食材を使ったスイートポテトのデザートもつく。

ほかに朝食の時間帯（10時29分まで）や昼食の時間帯（10時30分~13時59分）、軽食の時間帯（14時~16時59分）によって、メニューの種類も変わる。フライトの時間をあえて調整しながら、いろいろ味わってみるのも楽しいだろう。

シャンパンやワイン、焼酎などのアルコール類も充実。また〝コーヒーの匠(たくみ)〟こと川島良彰(かわしまよしあき)氏の全面協力のもと、機内で世界最高峰のコーヒーが飲めることも、ファンのあいだで高く評価されている。

空港ラウンジ——ANAらしさ、JALらしさを求め各空港でリニューアルを推進

JALは「日本のたたずまい」をコンセプトに、国内各空港でラウンジのリニューアルを進めてきた。現在は17の空港に専用ラウンジを展開（一部の空港では共用ラウンジを使用）。拠点である羽田空港の第1ターミナルでは、南北のウイングに「ダイヤモンド・プレミアラウンジ」と「サクララウンジ」を各2か所、計4か所に設置している。

それぞれのラウンジには「バー」「ライブラリー」「プライベート&リラックス」という3つのエリアがあり、目的に合わせて利用が可能だ。南ウイング、北ウイングともにシャワールームが5室あり、近年はラウンジでリフレッシュしてから出発する人も増えた。

またサクララウンジには〝ラウンジ内ラウンジ〟ともいえる女性用「レディースラウンジ」と「こどもラウンジ」をオープン（2019年3月完成予定で一部リニューアル中）。

国内最高峰のダイヤモンド・プレミアラウンジは、羽田のほか新千歳・伊丹・福岡・那覇にも開設している。2017年（平成29）3月にオープンした福岡空港の同ラウンジでは、ここでしか味わえない熊本県産の万次郎かぼちゃを使った特製スープや、国際線ラウンジでおなじみになったJALオリジナルカレーをベースにつくる特製焼きカレーパンなどが人気。福岡空港と広島空港のサクララウンジもリニューアル工事が終了し、コンセプトどおりの「日本のたたずまい」を感じさせる空間を提供している。

ANAも拠点の羽田空港をはじめ国内の主要17空港で専用ラウンジを設置している。羽田空港の第2ターミナルに置くのは「ANA SUITE LOUNGE」とふたつの

「ANA LOUNGE」だ。

いずれも無線ＬＡＮサービス、プリントサービス、ファクス&コピー機などビジネスパーソン向けの施設が充実。また本館南のANA LOUNGEには「スター・ウォーズ　ＡＮＡキッズラウンジ」が誕生した。ラウンジ内には滑り台、ベンチソファ、絵本などが用意されており、床にはフロアマットを使用することで子どもたちも安心して思い思いに遊ぶことができる。訪れた子どもたちには受付にてオリジナルのシールがプレゼントされ、大切そうに荷物やポケットにしまいこむ笑顔が印象的だった。

新千歳空港では２０１７年9月、２０２０年の東京オリンピック・パラリンピック大会の新国立競技場の設計者としても知られる隈研吾氏監修で、国内線プレミアムメンバー向けのANA SUITE LOUNGEがオープンし、同時にANA LOUNGEもリニューアルされた。

ラウンジで使用する木材は、心からくつろげるような温もりのある自然素材にこだわり、天井は空に向かっていくようなデザインに。「ラウンジを訪れたときに、これから飛行機に搭乗するという高揚感を感じていただけるよう力を入れました」と隈氏は話している。

今後は大阪、福岡、那覇の各空港のラウンジにも、同様なコンセプトを展開していく計画だそうだ。

6章

◉チェックイン、機内Wi-Fi、マイレージ…

基本サービスの違いを読みとく

空港カウンターとチェックイン――専用機器の導入で搭乗手続きがスピーディーに

ＪＡＬでもＡＮＡでも運航便数の増加や利用者増大に対応するため、空港でのチェックイン手続きの効率化を進めてきた。とくに忙しいビジネスマンらが多く利用する国内線では、手荷物を預け入れるさいの時間短縮を目標に両社とも専用機器などを導入している。じっさいに空港カウンターを訪ねてみよう。

ＪＡＬでは羽田や成田など国内のほとんどの空港で、カウンターがオープンしている時間であれば、国内線も国際線も当日出発する全便のチェックイン手続きができる。

国際線では出発24時間前までにＷｅｂチェックインの事前登録、さらに出発24時間前から1時間前まではＷｅｂチェックインでの搭乗券発行（ホームプリント搭乗券、モバイル搭乗券など）ができる。国内線利用の場合は荷物も少なく、預ける予定のない人なら、そのまま保安検査場へ進めばＯＫだ。

また国内線では、事前に座席指定を済ませていれば、2次元バーコードもしくは

ICカード（JALマイレージバンクカード、JALカードなど）でそのまま飛行機に乗れる搭乗方式が定着。預ける荷物は通常のカウンターのほか、羽田、伊丹、新千歳、福岡、那覇の各空港では自分で専用の機械から荷物タグを発行できる「JALエクスプレス・タグサービス」を利用することでスピーディーなチェックインが可能になった。

さらに国内線の自動チェックイン機では座席変更やクラスJ、ファーストクラスへのアップグレード手続きもできる。ひと昔前までの煩わしかった出発前手続きを知っている人は、この数年間でずいぶん進化したことを実感できるはずだ。

いっぽうのANAでも、国内の空港ではカウンターが開いている時間であれば国際線・国内線ともに全便の搭乗手続きができる。自動チェックイン機を利用する人も増え、国際線ではWebチェックインを済ませておくことで「Bag Drop」専用カウンターで並ぶことなく荷物を預けることが可能だ。

国内線では「Skipサービス」がすっかり定着した。座席の指定を済ませ、預ける荷物がなければ、カウンターへ立ち寄らずに直接保安検査場へ向かえばいい。また荷物を預ける場合でも、羽田と新千歳、福岡の3空港では自動手荷物預け機「ANA BAGGAGE DROP」が導入され、混み合っている時間帯に空港に到着して

JALの国内線自動チェックイン機

ANAの自動手荷物預け機「ANA BAGGAGE DROP」

もカウンターの列に並ばずに手荷物を預けられるようになっている。この自動手荷物預け機をじっさいに使ってみると、操作はとてもシンプル。預ける手荷物を専用機に置いて、搭乗券やマイレージカードなどの2次元バーコードをかざすと、手荷物タグが発行される。

これを預けるスーツケースなどに装着するとドアが自動的に閉まり、手荷物引き換え証を受け取って完了だ。所要時間はわずか1~2分である。

「定時運航」の実現――遅延を防ぐためにどんな努力をしているか？

2010年（平成22）の経営破綻を境に、JALは生まれ変わった。

さまざまな部署の社員1人ひとりが「自分たちの果たすべき役割」を自覚して努力し、各部署の連携によるチームワークが大きな成果を生み出す。そんな組織力が日々、目に見える形で発揮される会社になったのだ。

その一例として挙げられるのが「定時到着率世界一」という勲章だった。

「定時到着率」というのは、航空会社が運航する便すべてにおいて「到着予定時刻に対して遅延15分未満で到着した便」が占める割合のこと。利用者にとって安全とともに重要な指針である運航の正確性を測る目安のひとつとされ、非常に注目されているデータである。

世界の航空データを収集・分析するアメリカの企業『FlightStats社』が毎年この「定時到着率」のデータを発表。国内線・国際線を合わせた運航実績においてＪＡＬは過去に4度も世界第1位に認定された。

ＪＡＬの国内線・国際線を合わせた定時到着率は、毎年90パーセントに迫る勢いだ。つまり、10便飛ばせば9便が定刻どおりに目的地の空港に到着している。悪天候などの自然条件に左右されてしまう航空ビジネスのなかで、これは驚異的な数字といっていい。

では、それを実現した背景には、どんな秘密があるのだろうか？

経営陣が「定時到着率を高めよ」とトップダウンで号令をかけても、それで実現できるものではない。必要なのは、空港カウンターやゲートなどの現場が運航状況や出発便の遅延などの情報を共有し、スタッフ1人ひとりが「どうすれば遅れの影響を最小限にとどめることができるか」を考えて率先して活動すること。その積み重ねが大きなパワーとなり、1便1便の正確な運航につながる。バックヤードでは空港での人の流れや時間帯による保安検査場の混雑状況の変化などの情報を収集・分析し、現場への支援を惜しまない。

まさにチームワークによるそんなトータルな力が発揮されることで、運航する各便を時間どおりに目的地へ届けているのである。

「定時出発」「定時到着」を高いレベルで実現してきたのは、ＡＮＡも同じだ。

「ＡＮＡの飛行機は遅れない」

利用者のあいだでは、そんな認識も定着している。

ＡＮＡが「On-Time Airline」を宣言したのは２００２年(平成14)。以来、安全運航の堅持(けんじ)を前提に、「到着のその先へ」を合言葉にしてグループ一丸(いちがん)となり「定時出発」「定時到着」の実現に向けての取り組みを進めてきた。

ＡＮＡの利用者の到着空港のその先にあるさまざまな目的に思いを馳(は)せ、自分たちの日々の役割を果たしていこう——「到着のその先へ」という言葉には、社員たちのそんな決意が込められている。

たとえば羽田空港では、利用者からの「広い空港内で進む方向がわかりにくい」との意見を反映し、２０１３年(平成25)12月から搭乗エリアを4色に色分けした。文字と記号だけでなく色を追加することで案内表示の視認性を高め、スムーズに搭乗口にたどり着けるように改善したのだ。

２０１５年（平成27）７月からは、前項でも紹介した自動手荷物預け機「ANA BAGGAGE DROP」を羽田空港の国内線に導入。荷物を預けるさいの待ち時間を削減し、これも定時運航の促進を後押しした。

定時運航を実現するには、現場を支える専門のバックアップ部隊の活躍も欠かせない。羽田空港には、世界中の空を飛行するＡＮＡ便を24時間体制で管理するＯＭＣ（オペレーション・マネジメント・センター＝33ページ参照）が置かれている。たとえば、台風の接近といったイレギュラー時の対応方針なども、ＯＭＣがさまざまなデータを駆使・分析し、立案する。羽田空港では、同空港を発着する便を集中管理するＡＭＣ（エアポート・マネジメント・センター）も機能し、ＯＭＣと連動して的確かつ迅速に行動。さらにＯＭＣは航空機の整備を総括するＭＯＣ（メンテナンス・オペレーション・センター）とも密接に連携している。

運航にかかわるこうしたさまざまな専門部署が一体となって、ＡＮＡの日々のオペレーションをマネジメントし、現場をバックアップしながら「定時運航」を実現しているのである。

機内Wi-Fi——両社ともネット環境が充実！国内線では利用が無料に

「緊急のメールを機内から送りたい」
「フライト中も地上と変わらない環境で仕事ができれば……」
「空の上でネットサーフィンを楽しみたい」

２０００年代後半から２０１０年代にかけて、エアライン各社に利用者からのそんな要望が数多く届くようになった。そうした声を受け、早くから機内インターネット環境の整備に力を入れてきた１社がＪＡＬである。

まずは２０１２年（平成24）７月から国際線で「JAL SKY Wi-Fi」のサービスがスタートした。２０１４年（平成26）７月からは国内線にもサービスを拡大し、対象路線を増やしていく。そして２０１７年（平成29）６月には国内線の無期限のＷｉ-Ｆｉ無料化を発表。利用者から大歓迎された。

サービス対象はＪＡＬの機内Ｗｉ-Ｆｉ対応機材のほか、日本トランスオーシャン航空の７３７-８００も含まれる。

通常は離陸の約５分後から着陸の５分前までがサービス提供時間だが、日本トラ

機内Wi-Fiサービスのしくみ

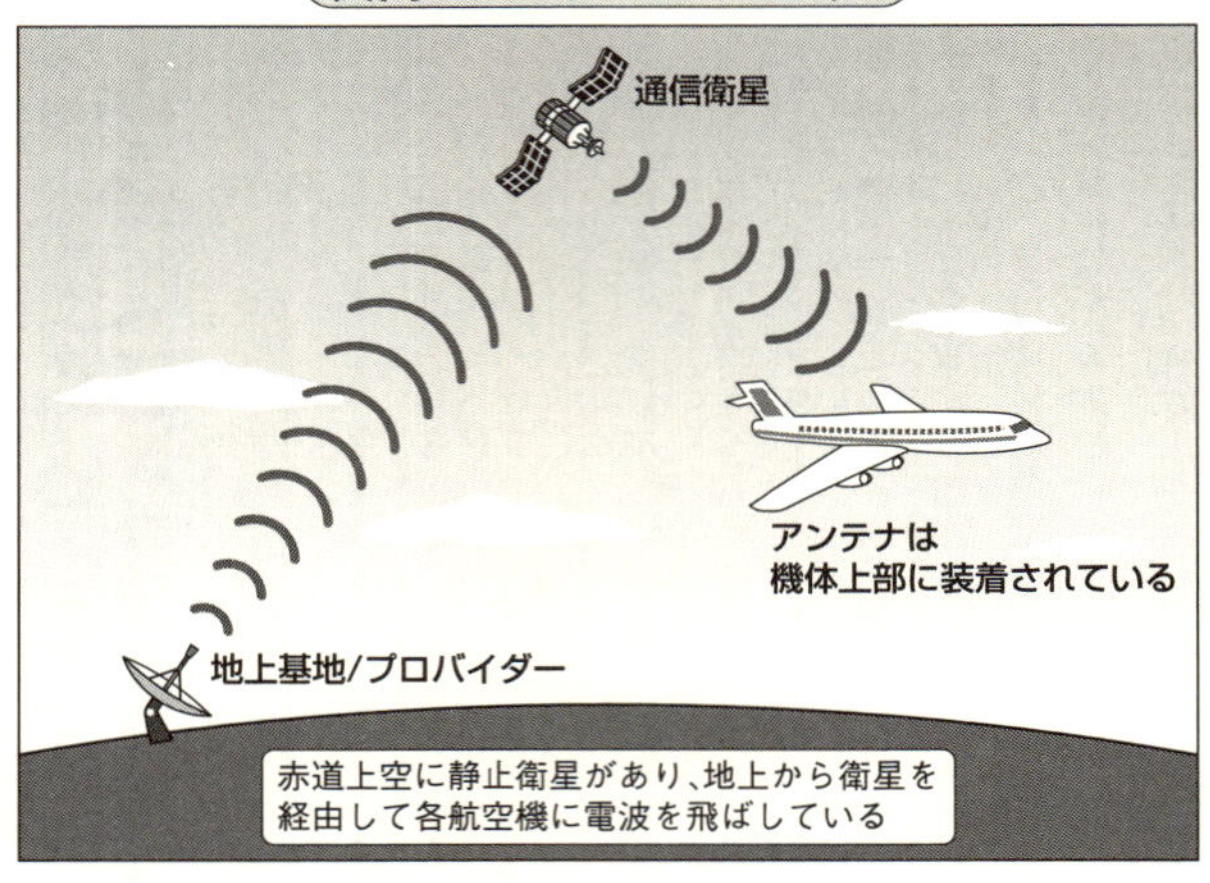

ンスオーシャン航空の機材では出発から到着までずっと利用できるので便利。Wi-Fiビデオプログラムやフライトマップなどのコンテンツも充実している。

ＡＮＡでも国際線、国内線の双方(そうほう)で機内でのインターネット接続サービスを提供してきた。

２０１８年（平成30）４月からはＪＡＬと同様、国内線対象機種の機内Wi-Fiをすべてのクラスで無料に。利用者は料金を気にすることなく、空の上でもＥメールやＳＮＳなどによる地上とのコミュニケーションを楽しんだり、インターネットで情報を収集しながら仕事を進めるなどの充実した時間を過ごせるようになった。

今後もWi-Fiのエンターテインメントコンテンツのさらなる充実を図るとともに、Wi-Fiサービスを提供できる機材も2018年度末までに約100機まで拡大していく計画だ。

機内エンターテインメント――スポーツの生中継に電子書籍…バラエティに富んだプログラム

日本から欧米などへの長時間フライトでは、食事とともに「機内で映画を観るのが何よりの楽しみ」という利用者が少なくない。ANAもJALも、その期待に応えようと機内エンターテインメントの充実にハード・ソフトの両面から取り組んできた。

ANAは国際線で運航する787シリーズや777-300ER、767-300ERなどの全クラスにオンデマンドで映画や音楽、TVプログラムなどが楽しめる個人用モニターを装備している(一部機材は除く)。

映画作品は話題の最新作を中心にラインアップ。オーディオ番組も新曲から懐かしのヒットソング、オーディオブック、寄席（よせ）番組までジャンルが豊富だ。最新ニュースやスポーツ中継などのＴＶ番組をリアルタイムで視聴できる新サービス「ANA SKY LIVE TV」もファンを増やしている。

国内線では、これまで何度か紹介してきたように、最新鋭のエアバスＡ３２１ｎｅｏの全席に個人用モニターが導入された。２０１９年度下期からは他の国際線主力機、７７７や７８７にも個人用モニターの装備がはじまる。機内で過ごす時間が、ますます楽しくなりそうだ。

ＪＡＬの機内エンターテインメントシステム「ＭＡＧＩＣ」でも映画やビデオ、音楽、ゲームなどバラエティに富んだプログラムを高品質で視聴できる。好きな時間に好きな番組を楽しめるオンデマンド方式での提供だ。

７８７シリーズでは２０１２年（平成24）４月からはじまった個人用モニターで電子漫画が読める世界初のサービス「ＳＫＹ ＭＡＮＧＡ（スカイマンガ）」を、現在はすべてのクラスで提供。根強いファンが多い。

個人用モニターは、長距離国際線の主力機材であるボーイング７７７－３００ＥＲのファーストクラスとビジネスクラスで23インチに拡大。より迫力のある画面で映画などを楽しめるようになった。

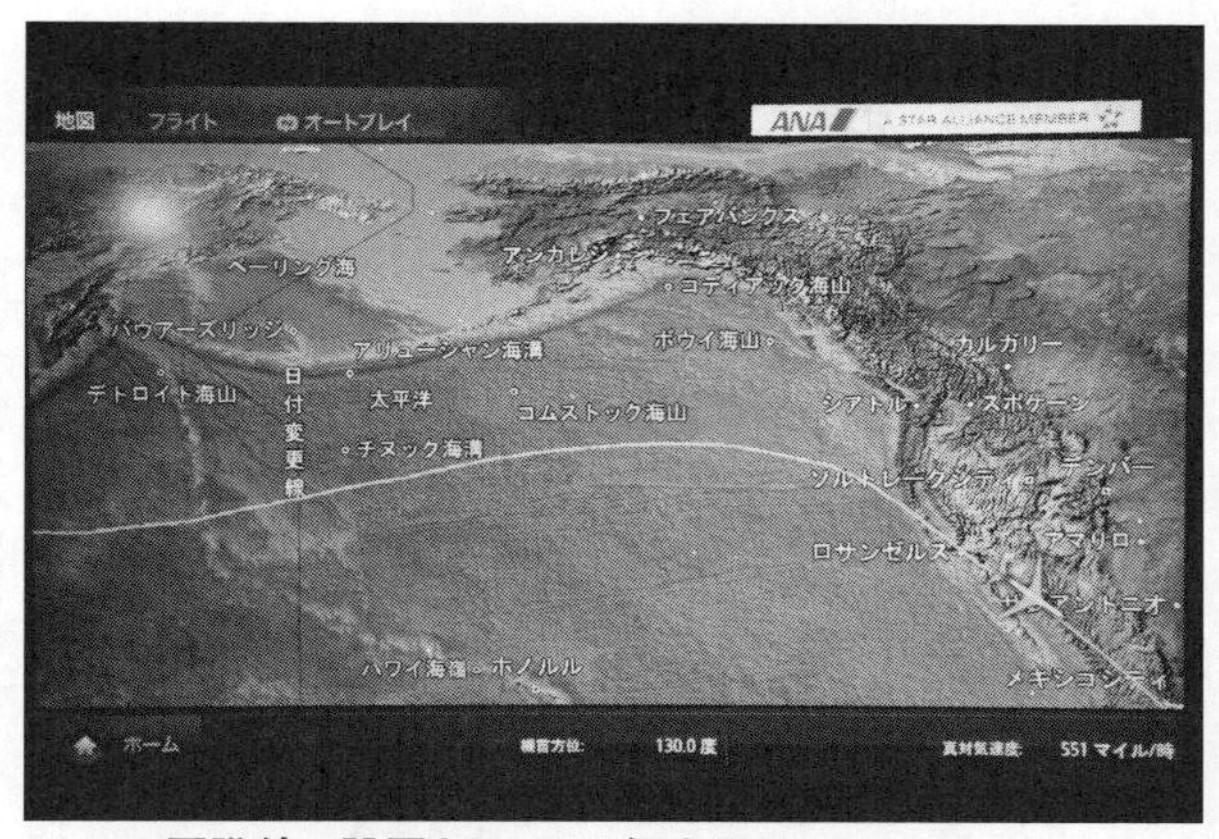

ANAの国際線に設置されている個人用モニター(写真:チャーリィ古庄)

JALの国際線に設置されている個人用モニター

ちなみにプレミアムエコノミーの12・1インチ、エコノミーの10・6インチも、クラス最大のワイド画面だ。ファーストクラスとビジネスクラス、プレミアムエコノミーではノイズキャンセリング機能がついたヘッドフォンも提供される。

機内アメニティ——使うのがもったいない?! 有名ブランドとのコラボも

国際線の上級クラスで客室乗務員から手渡される高級アメニティは、快適な時間を過ごしリラックス度をアップさせてくれる、フライトには欠かせないアイテムだ。中身を取り出したあとのポーチは、そのまま旅のグッズとしても後々(のちのち)まで利用できる。最近は一流ブランドとのコラボでポーチをつくるエアラインも増えてきた。

ＪＡＬのファーストクラスで配られるアメニティキットには、ハンド&ボディクリーム、フェイシャルスプレー、リップクリーム、ブラシ、モイスチャークリーム、歯磨きセット、マウスウォッシュ、耳栓、アイマスクがセットに。ドイツのプレミアムライフスタイルブランド「ポルシェデザイン」とのコラボによるものだ。

ビジネスクラスでも「ゼロハリバートン」とコラボしたオリジナルのアメニティ

キットがもらえる。

ポーチは日本発便ではソフトケース、海外発便ではハードケースで、色もフライトを利用する時期で変わる。ひんぱんに利用する人なら、何種類もの色を揃えるのも楽しいだろう。

中身は、リップクリームや歯磨きセット、耳栓、モイスチャーマスク、アイマスク、ポケットティッシュなど。ゼロハリとのコラボアメニティは欧米線（ハワイ線とグアム線は除く）やカナダ、オーストラリアの各路線が対象だ。

いっぽうファーストクラスに「SAMSONITE（サムソナイト）」のオリジナルポーチを用意しているのはANAである。

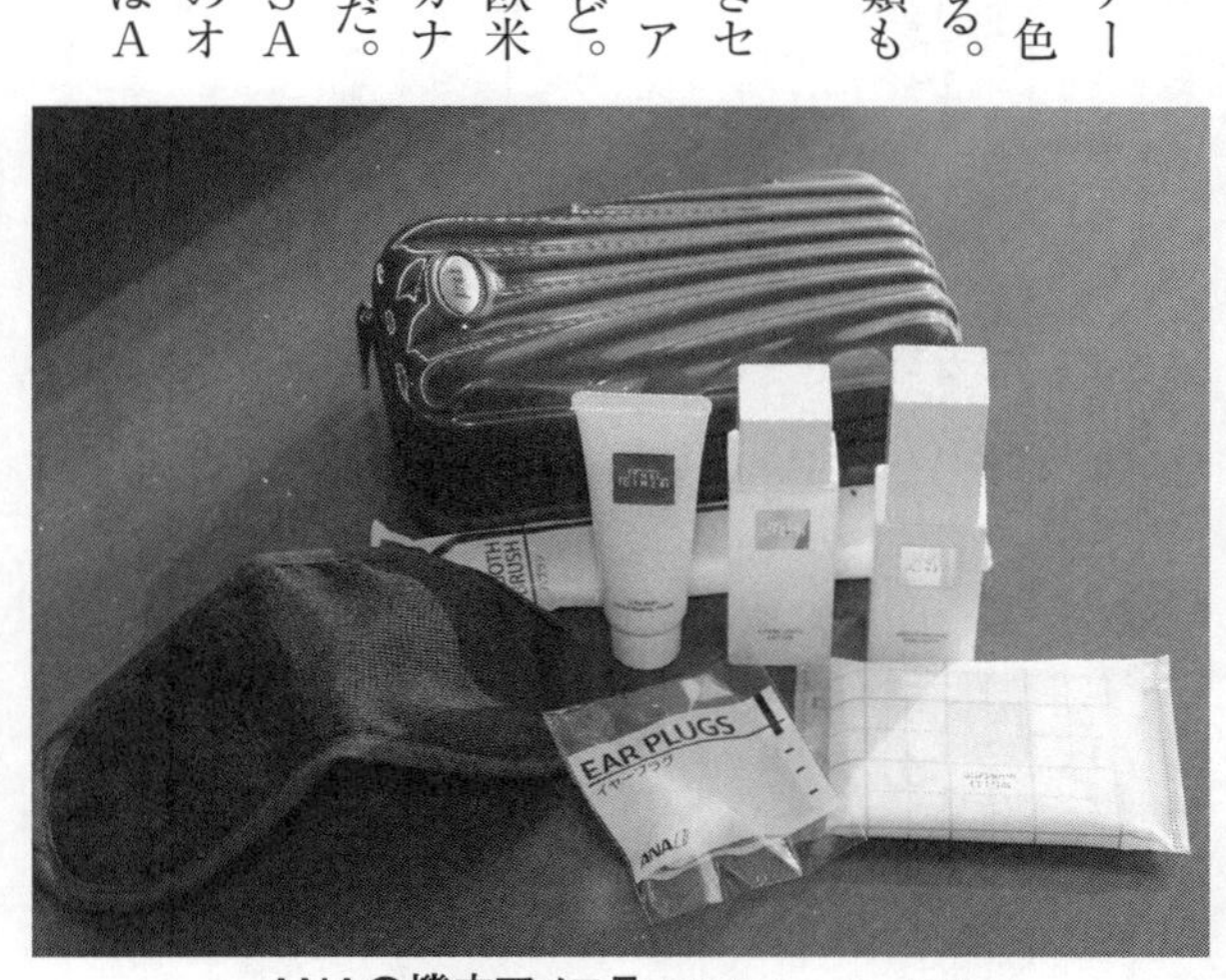

ANAの機内アメニティ（写真：チャーリィ古庄）

おなじみのデザインのポーチを開けると、中に入っているのは「ザ・ギンザコスメティックス」ベーシックケアセットやエナジャイジングローション（化粧水）、モイスチャーライイジングエマルジョン（乳液）、クリーミークレンジングフォーム（洗顔料）、歯ブラシセット、アイマスク、イヤプラグなど。男性の利用者なら、使わずに奥さんか恋人へのお土産（みやげ）に持って帰りたくなる品だ。

ビジネスクラスでは、ナチュラルアポセカリー（自然薬局店）として生まれた人気ブランド「ニールズヤードレメディーズ」のアメニティを提供している。ビーラブリーハンドクリーム、ホワイトティフェイシャルミスト、シアナッツ&オレンジオーガニックリップフォーミュラ、歯ブラシセット、アイマスク、イヤプラグなどのセットだ。

機内誌――航空ファン必見の特集や連載をチェック！

機内に入って指定されたシートに収まると、すぐにシートポケットから雑誌を取り出してページをめくっている人をときどき見かける。航空会社オリジナルの「機内誌」だ。旅の特集から著名作家の連載、お役立ち情報まで内容も盛りだくさん。その月の特集などをまずチェックしたくなるのかもしれない。

ANAグループの機内誌としてよく知られるのは、1960年（昭和35）創刊の『翼の王国』だ。

「旅」をテーマに国内・海外各地の文化・自然・食物・人々の暮らしなどを、独自の取材と美しいビジュアルで紹介している。手もとにある国内線版の2018年（平成30）11月号の表紙をめくってみると、海外の旅として「ハワイ／オヒアレフアの咲く山」や「アイルランド／音の都」を、国内の旅としては「徳島／一服、一茶、和三盆（わさんぼん）」と「静岡／知られざる楽園へ 西伊豆、海と冒険」を特集。美しい写真が数多く掲載され、読んでいるといますぐにでも旅に出たくなる。

JALの機内誌は、飛行機ファン必見の名物エッセイなどの連載もある『SKYWARD』（2003年〈平成15〉創刊）。独自の視点で取材先の国や街を絞りこみ、そこに住む人や伝統文化などを美しい写真とともに紹介している。

「本」「音楽」「物」「おもたせ」の4つのテーマで旅をつづるエッセイ「旅する」やパイロットが航空機についてわかりやすく解説する「キャプテンの航空教室」など人気の連載も少なくない。2018年11月号のメイン特集は「カウアイ島／小さなビーチの、小さな幸せ」「アラスカ／北の果てに生きる」などだ。

『ＳＫＹＷＡＲＤ』はインターネットでの定期購読やバックナンバーの購読も可能である。

機内販売――空の上でしか買えない限定オリジナル商品も

空の上でのショッピングも、一度クセになると止まらない。機内販売では、ＪＡＬもＡＮＡも数多くのオリジナル商品を揃えているからだ。

旅をしながら魅力的なアイテムに出会えるのがＪＡＬの「JAL SHOP」だ。ラッピング袋も用意されていて、恋人や家族、友人への贈り物として購入していく人も多い。ＪＡＬカードを使えば10パーセントオフに。国際線の機内では高級ファッションやバッグ、アクセサリー、香水、チョコレートなどを揃えている。

国内線の機内販売は「プチJAL SHOP」という国内線機内販売専用の申し込みはがきを利用するのが賢い利用の仕方である。欲しい商品を自宅でじっくり探すこともでき、全国へ無料で配送してくれる。

また機内販売品をインターネットで購入できる「JAL SHOP機内販売オンラインストア」では、ファッションや生活雑貨などから厳選された人気アイテムを多数用意。６０００円以上の購入で送料も無料になる。

ＡＮＡの「ANA SKY SHOP」でも機上で世界の逸品に出会える。ＡＮＡの機内販売でしか手に入らない限定品や、一流ブランドとのコラボ開発によるオリジナルの商品なども。国際線では欲しい商品があれば搭乗前にウェブサイトで予約できる「プリオーダーサービス」を利用すると便利だ。プリオーダーでしか売っていない値打ち商品もある。ＡＮＡカードで購入すると10パーセントオフになるほか、マイルも貯まるのでおすすめだ。

最近の人気は国際線と国内線の両方で展開しているスター・ウォーズ関連の商品で、ここでしか手に入らないからとファンたちは搭乗の記念に買っていくようだ。

マイレージプログラム——貯め方、使い方、提携先…両社の違いとは？

いまや多くの航空会社が導入しているマイレージ制度は、１９８０年代にアメリカではじまり、日本ではＪＡＬが国際線のマイルのみ積算する「ＪＡＬスカイプラス」を１９９３年（平成５）にスタートさせた。１９９７年（平成９）には国内線も対象に加え、２０１８年（平成30）11月現在では「ＪＡＬマイレージバンク（ＪＭＢ）」の会員数は約３２００万人に達している。

ＪＭＢのサービスステータスは「クリスタル」「サファイア」「ダイヤモンド」のほか、有料会員組織のＪＡＬグローバルクラブ（ＪＧＣ）への入会を条件にした「ＪＧＣプレミア」がある。特徴は「マイルを貯めやすく、そして使いやすい」プログラムであること。最近では異業種企業との提携にも熱心だ。

基本となるフライトマイルについては、ＪＡＬグループ便での利用に加えて、ワンワールドメンバーのアメリカン航空、ブリティッシュ・エアウェイズ、キャセイパシフィック航空などのほか、独自に提携しているエールフランス航空やエミレーツ航空、中国東方航空、ＬＣＣのジェットスター・ジャパンや提携している天草エアラインなどでもマイルを貯めることができる。

マイルを効率よく貯めるのであれば、ＪＡＬカードを持つのが近道だろう。ＪＡＬカードは年会費に応じて「普通カード」「ＣＬＵＢ－Ａカード」「ＣＬＵＢ－Ａゴールドカード」「プラチナ」の４つの種別、そしてＶＩＳＡ、ＭＡＳＴＡＲ、ＪＣＢ、

AMEX、ダイナースといった国際クレジットカードブランドから選べるようになった。JR東日本、東急電鉄、小田急電鉄などとの提携カードも発行されている。

マイル積算の面でユニークな提携もある。たとえば東京モノレールの浜松町～羽田空港間を交通系ICカード（Suicaなど）で乗車後、到着駅の専用端末にタッチすると20～30マイルが貯まったり、といった具合だ。ネット通販大手のアマゾンや牛丼の吉野家など、日常生活を通してマイルを貯められるチャンスも増えた。

貯めたマイルの使い方については、マイル数に応じてJALグループ便の特典航空券のほか、国際線アップグレード特典、提携エアラインの特定航空券に交換できる。JALグループ便の特典航空券では、国内線に加えて国際線でも2015年（平成27）より片道だけでの利用が可能に。

また幅広い提携により、電子マネーの「WAON」や、航空券やツアーの購入に使える「eJAL」ポイント特典（1万マイルで1万5000ポイント＝1ポイントは1円相当）を利用できる。

フライトで貯めたマイルがそのままPontaポイントになる「Pontaコース」（1マイルは0・5Ponta）もスタート。ひんぱんにフライトを利用する人も、そうでない人も、すべてのJMB会員が満足できるようJALのマイレージプログラムは進化をつづけている。

ＡＮＡの「ＡＮＡマイレージクラブ」の会員数も約３２００万人である。搭乗実績に応じて特典が得られるステータスは「ダイヤモンド」「プラチナ」「ブロンズ」の３つ。ＡＮＡマイレージクラブに入会してからの総飛行距離を反映した生涯プログラム「ＡＮＡミリオン・マイラー・プログラム」では、累積ライフタイムマイル数に応じたオリジナルネームタグなどの特典がある。

ＡＮＡマイレージクラブで効率よくマイルを貯めるなら、やはりクレジットカード機能がついた「ＡＮＡカード」の保有が不可欠。カードの種類によって１００円＝１マイル、もしくは２００円＝１マイルで貯めることができるが、改めて注目したいのが「ＡＮＡカードマイルプラス」だ。

通常のクレジットカード利用に加えて、ＡＮＡカードマイルプラスの対象店舗でカードを利用するとさらに１００円＝１マイル、もしくは２００円＝１マイルが追加加算される。ＡＮＡ航空券の購入や機内販売をはじめ、髙島屋、阪急百貨店、阪神百貨店、大丸などのデパート、ＥＮＥＯＳや出光などのガソリンスタンド、さらには日常でよく使うセブン-イレブン、イトーヨーカ堂、スターバックスコーヒーなどでＡＮＡカードでの支払いをすると、通常のショッピングマイルに加えて２０

0円＝1マイルが加算されるので、現金で払うのがもったいない。

マイルの使い方も変化している。数年前までは最低1万マイルがないと特典交換できなかった。それが現在はANAマイレージクラブの全会員を対象に、インターネット上で航空券を購入するさいに充当できる「ANA SKYコイン」に限って最低1万マイルより1マイル＝1コインのレートで交換できるようになった。これを利用すれば、マイルを期限切れで無駄にすることがない。

国内線特典航空券では、片道で利用する場合の必要マイル数がかつてにくらべて引き下げられ、羽田〜伊丹・小松・富山・秋田など片道300マイル以内の区間では、ローシーズンは5000マイル、レギュラーシーズンは6000マイル、ハイシーズンは7500マイルでの交換が可能に。往路は特典航空券で、復路は航空券を購入したり路線によってはLCCを使うといった選択もできるので、マイル使用の幅が広がった。

とくに注目は、LCCのバニラエア便の特典航空券だ。必要マイル数は、国内線では成田〜札幌・奄美大島線は片道5000マイル（往復は1万マイル）、成田〜沖縄線は片道6000マイル（往復は1万2000マイル）、国際線では成田〜台北・高雄（カオシヨン）・香港の3路線共通で片道1万マイル（往復は2万マイル）で特典航空券と交換できる。

ＡＮＡ運航便より少ないマイル数で交換でき、また国際線でバニラエアは燃油サーチャージを設定していないことから余分な費用がかからず、海外旅行がより身近になった。

空港ショップ——両社ともにファン垂涎のオリジナルグッズを展開

ＪＡＬとＡＮＡが就航する国内各地の空港では、グループ会社が運営を行なっている「BLUE SKY」と「ANA FESTA」が訪れる人たちに人気だ。

ＪＡＬは「BLUE SKY」を全国27の空港で、いっぽうのＡＮＡは「ANA FESTA」を全国34の空港で展開。店内にはバラエティに富んだオリジナルグッズを揃えている。羽田にあるそれぞれの店舗を覗(のぞ)いてみよう。

羽田空港第1ターミナルの南ウイングにあるのが「BLUE SKY エアラインショップ」だ。ＪＡＬのオリジナルグッズをはじめ世界各国の航空機モデル、機内販売のJAL SHOP掲載品などが揃っている。店のスタッフによると、カップ麺の「う

JALの空港ショップ「BLUE SKY」

ANAの空港ショップ「ANA FESTA」

どんですかい」や「そばですかい」といったＪＡＬオリジナルの食品も売れ行き好調だそうだ。

第2ターミナルでファンたちが通うのが、1階到着ロビーの中央近くにある「ANA FESTA到着ロビーギフトショップ」である。店内にはＡＮＡの各種モデルプレーンをはじめ、オリジナルのグッズなどがズラリ。手軽な値段で買えるＡＮＡのロゴ入りマグカップやタオルなどは、ちょっとしたプレゼントにもいいだろう。ＡＮＡ合計1000円以上の商品をクレジット機能付きのＡＮＡカードで購入すると、10パーセント引きになるサービスもある。

子ども向けサービス——ひとり旅の子どもをどのようにサポートしている？

出発を控えたＡＮＡ国内線の機内でのことだ。

乗客を迎え入れる準備を終えた機内で、機長と副操縦士が客室乗務員全員を集めて最終の確認作業（ブリーフィング）に余念がない。その日のフライトルートや気象情報、乗客人数などのチェックをすべて終えたあと、客室乗務員のひとりからこんな報告がなされた。

「本日は普通席に2名の〝ジュニアパイロット〟のお客さまが搭乗予定です」

この「ジュニアパイロット」とは、果たしてどんなサービスか？

親や家族といっしょではなくひとりでフライトを利用する6歳から11歳の子どもを、ANAでは「ジュニアパイロット」と名づけて手厚いサポートを行なっている。こうした子ども向けのサービスに、ANAは早くから力を入れて取り組んできた。

同サービスを申しこんだ乗客（子ども）は、親または家族など見送りの1名とともに搭乗ゲートへ。ゲートから機内入口までは地上係員によって案内される。情報はカウンターでのチェックイン手続きを担当した地上係員から客室乗務員に引き継がれて、フライト中は担当の客室乗務員が機内でときどき様子を見て話しかけたり、子ども用のおもちゃやゲームを配るなどして楽しく過ごせるようエスコートする。

「そうですか」と、ブリーフィングで報告を受けた機長は笑みを浮かべて言った。

「思い出深い旅になるよう、しっかりとケアしてあげてください」

夏休みや冬休み、ゴールデンウィークなどの大型連休のときは、このサービスを利用する子どもが各フライトに10名くらい乗ってくることもあり、子ども同士が機内で打ち解けて友達になるなど、にぎやかなフライトになるそうだ。

子どもの初めてのお出かけには、どうしても不安がつきまとう。「でも、かわいい子には旅をさせたい」――そんな親心を支えてくれるJALのサービスが「キッズおでかけサポート」である。

JALでは搭乗するさい、満6歳未満までの子どもは大人（満12歳以上）の同伴が必要だ。しかし「キッズおでかけサポート」に申しこめば、満6歳から7歳までの子どもはひとりで飛行機に乗ることができる。搭乗する子どもは、出発空港から到着空港までのあいだをひとり旅。見送り者は出発空港の搭乗口まで付き添いができ、目的地の空港に着くと、地上係員が出迎え者の待つ到着ロビーまで誘導する。

ひとり旅とはいえ、地上係員と客室乗務員の心強いサポートとスムーズな連携があってこそ安心してフライトに送り出せる。人見知りやトイレが近いなどの不安がある場合も、申しこみ時に申告することで情報が共有されるので、心配は要らない。到着ロビーで家族に迎えられるときには自信にあふれ、空の旅が特別な思い出として心に刻まれるはずだ。

そのほかにも長距離線の機内食では子ども用の「チャイルドミール」メニューを用意したり、乳幼児といっしょのフライトの場合は空港での無料のベビーカー貸し出しがあるなど、JALもANAも手厚い子ども向けサービスを実施している。

7章

◉CA・整備士の制服、パイロット訓練…

スタッフの違いを読みとく

CAの制服

——個性的なデザインに込められた両社の「思い」とは？

旅行者や出張客を機内で出迎えてくれる客室乗務員（ＣＡ）の制服は、まさにその航空会社のイメージシンボルとなる。「制服を着用したＣＡたちは企業の広告塔だ」と位置づける航空会社もあり、そのデザインには各社とも個性を主張してきた。つまり機能性とともに、客室乗務員の制服デザインには乗客に対するメッセージ性も重要になるのだ。

ＡＮＡの歴史を彩ってきた客室乗務員の制服はリニューアルをくり返し、現在のものは２０１５年（平成27）２月から新デザインでデビューした。過去から数えて10代目となる新制服だ。歴代の制服のデザイナーには、中村乃武夫氏、伊藤達也氏、三宅一生氏、芦田淳氏、田山淳朗氏らが名を連ねる。

現在の制服は、社内での会議や利用者からのアンケートをもとに、日々の機内でのサービスシーンを通していかにＡＮＡブランドを伝えるかをポイントにコンセプトづくりを実施。じっさいのデザインを手がけたのは、ニューヨークで活躍する新進気鋭のプラバル・グルン氏だ。初の外国人デザイナーの起用である。ジャケットとスカートの背面にＡＮＡのコーポレートカラーであるブルーのラインをあしらい、海外の空港などでもひと目見ただけでＡＮＡと認知してもらえるデザインが完成した。

現在のＪＡＬの制服は、２０１３年（平成25）6月から着用を開始した。こちらもＡＮＡと同様、10代目だ。経営破綻からの再生を果たしていく新生ＪＡＬのコンセプトをベースに、清楚で上質なイメージをめざし、航空機や空港で目にするデザインとの調和にも重点が置かれた。

導入にさいしては、社内の各部門から選ばれたスタッフたちで「新制服プロジェクトチーム」を結成。そこで話し合われた意向をもとに、デザイナーの丸山敬太氏がデザインした。ベルトやスカーフに赤を取り入れることで、ＪＡＬらしさを表現している。

なお、ＪＡＬは２０１８年（平成30）8月、客室乗務員らが着用する制服を東京オリンピック・パラリンピックが開かれる２０２０年に刷新することを発表した。11代目の制服がどんなデザインになるのか、いまから楽しみだ。

ところで、36ページで紹介したＪＡＬの工場見学は、整備ハンガーのツアーと隣接する展示エリア「JAL SKY MUSEUM」での約30分の見学ツアーがセットにな

JALのキャビンアテンダントの制服

ANAのキャビンアテンダントの制服（写真提供:ANA）

っている。

JAL SKY MUSEUMは一般の人たちにＪＡＬのことをもっとよく知ってもらおうと２０１３年７月にリニューアルオープン。運航乗務員（パイロット）や客室乗務員、整備士などの仕事を紹介するブースや、航空機のキャビンに搭載している最新シートの展示スペースなどがある。

ここを訪れる人たちの人気を集めているのが、ＣＡの制服展示コーナーだ。当時「エアガール」と呼ばれていた１９５１年（昭和26）の初代モデルをはじめ、これまで９回にわたってリニューアルされてきたＪＡＬグループのＣＡたちの制服を集結。年代ごとの歴史がわかりやすく紹介されていて楽しい。ちなみに5代目（１９７０〜１９７７年）と6代目（１９７７〜１９８８年）は森英恵さんがデザインした。5代目は大胆なミニスカートのスタイルで、若い見学者のあいだでは一番人気のようだ。歴代の制服のなかでもっとも長くつづいた6代目は、堀ちえみさん主演の人気テレビドラマ『スチュワーデス物語』の劇中でも着用された。

「若いころは航空会社の客室乗務員に憧れました」

「一度、着てみたかったんです」

制服試着コーナーでは、そんな声が飛び交う。見学ツアーに参加すると、ＣＡやパイロットの制服を試着することが可能なのだ。制服を着用した男女が航空機の大型パネルやコクピット模型を背景に記念撮影に興じている姿はじつに楽しそうだ。

地上スタッフの制服——「旅客」と「ラウンジ」でデザインコンセプトを差別化

飛行機を利用するときに空港に着いて最初に出会うのが、出発フロアのカウンターにいる旅客スタッフたちだ。そこで乗客にどんなファーストインプレッションを与えるかは、航空会社にとってとても重要になる。

JALの地上スタッフ（空港と貨物事務室、JALプラザ有楽町など）の制服も、客室乗務員の10代目制服とともにリニューアルされた。JALグループとしての一体感を表現するため、ノーブルな紺を基調としたデザインを採用。そこに赤いラインを効果的に配してJALらしさを印象づけている。

またジャケットを交換するだけで、異なる状況での各業務にスムーズに対応できるデザインを導入した。たとえば最前線で乗客に対応する要員のジャケットにはフォーマルな紺を基調にして落ち着いた雰囲気を。ラウンジで出迎えたり案内したりする要員のジャケットは華やかな印象の白いジャケットにサクラ色のスカーフを配し、和（なご）やかな雰囲気を演出した。

なお、客室乗務員の制服と同様、地上スタッフの制服も２０２０年にリニューアルされる。東京オリンピック・パラリンピック大会期間中に空港の地上係員が着用するスカーフのデザインは、一般公募される予定だ。

ＡＮＡの旅客スタッフの新制服は「お客さまが最初に接するスタッフとして、空の旅をイメージしていただける」ことを、またラウンジスタッフの制服は「お客さまにラウンジで少しでもリラックス感を感じていただく」ことをコンセプトにデザインされている。

このコンセプトを創造し、デザインを行なったのは、ＣＡの制服も手がけたプラバル・グルン氏。グルン氏がデザインする洋服は、オバマ米国前大統領夫人や、英国王室のキャサリン妃などの多くのセレブリティに愛用されていることでも知られる。

グルン氏は新しい制服の発表にさいして、

「ＡＮＡのハイレベルなおもてなしを、今回のデザインを通じて体現させたいと考えました。ＡＮＡはとても評価の高いエアラインであり、ひとりでも多くのお客さ

JALの地上スタッフの制服

ANAの地上スタッフの制服

まに世界のリーディングエアライングループとしての品質の高さを感じてほしい」とコメント。地上スタッフの制服は今回が7代目で、襟首まわりにブルーのラインを取り入れたのが特徴である。

ブラウスは七分袖で、ツイード柄のブルーとピンクの2種類が用意されている。ラウンジ係員の制服には、ブルーラインをジャケットだけでなくベストにも採用しラウンジの「リラックス」や「シック」という雰囲気に合わせた。

パイロットの制服——企業カラーにこだわるANA シックな黒を採用したJAL

空港で見かけるエアラインパイロット（機長と副操縦士）の制服は、どの会社も似たようなものと思っている人が多いだろう。しかし2社を並べてみると、けっこう違っていることがわかる。

JALもANAも、形状はトラディショナルなダブルのスーツスタイル。しかし採用している色が異なり、JALは「黒」でANAは「紺」だ。乗客に安心や信頼を感じてもらえるシックな黒を選んだJALに対して、コーポレートカラーの「青」

JALのパイロットの制服

ANAのパイロットの制服

にこだわるのはいかにもANAらしい。ただし、機体塗装や客室乗務員の制服に使われている青よりはずっと濃い色になっている。

近年は女性のパイロットも増えている。ANAは以前までは女性パイロットも男性と同じ制服を女性の体形に合うように縫製して着用していたが、2009年（平成21）からは女性パイロット専用の新制服にリニューアルした。

ところで、機長と副操縦士の制服は少しだけ異なっているのをご存じだろうか。彼らの制服の袖口にあしらわれた「金色のライン」に着目してみてほしい。制服には国際的な決まりごとがいくつかある。そのひとつが、ジャケットの袖口やワイシャツの肩に縫いこんである金ラインだ。副操縦士の金ラインが3本なのに対し、機長の制服には4本線が光っている。

入社して訓練がスタートするときには、まだ金ラインが1本もない。そこから数年間、厳しい訓練と勉強を重ね、副操縦士の資格を得たときに初めて3本の金ラインが袖口に入る。

彼らにとってそれは、晴れてエアラインパイロットになったことの証しだ。そして、そこに加わるもう1本の金ラインは、いよいよフライトの「最高責任者」になることを意味しているのである。

整備士の制服――日々汗を流す技術者たちが現場で働きやすいデザインに

航空業界をめざす人のなかには、空港に置かれた整備ハンガーで活躍する整備士たちの制服に憧れる人も多い。大好きな航空機にもっとも間近（まぢか）で接することのできる職業であるとともに、その安全を縁の下で支える人たちを尊敬の眼差（まなざ）しで見ているのかもしれない。

整備士の制服は、第一に作業のしやすさをポイントにデザインされている。そのなかでもＪＡＬの整備士の制服は、肩から袖口までの部分が黒いのが特徴だ。それ以外の胴体の部分は、白からグレーに変更された。背中のロゴマークは、かつて機体にも描かれた「太陽のアーク」（55ページ参照）から現在は鶴丸マークに変わっている。

また機体の下で手を上にあげて作業しているときに、袖口から脇にかけてＪＡＬカラーである赤が見えるのも企業イメージを意識したデザインであることからだろう。

いっぽうのＡＮＡの整備士の制服も、企業カラーである青を基調にしたデザインだ。背中には大きくＡＮＡのロゴが、また左の袖には機体塗装と同じトリトンブルーとモヒカンブルー（58ページ参照）のストライプが見える。

通常は長袖だが、夏場に着用する半袖の制服も用意された。冬場の作業用に、上から重ねる濃紺のジャンパーも支給される。どれも、整備士の働きやすさを第一に考慮してのコーディネートだ。

パイロットの訓練――両社で異なるエアライン操縦士への道のり

ＡＮＡのパイロット採用にはふた通りあり、経験者にも未経験者にもチャンスが与えられている。

どちらの場合もパイロット候補生として入社すると、最初に経験するのは地上での業務だ。まずは札幌、東京、名古屋、大阪などの各空港や支店に配置され、旅客係員や営業、整備スタッフとして1～2年の経験を積む。パイロットとして働く前に、社会人として必要な資質を身につけるためである。

航空大学校や東海大学などの私立大学の航空操縦科を専攻した操縦経験者は、事業用操縦士の資格を持って入社してくる。彼らは地上配置期間を終えると、副操縦士昇格訓練へ。担当機種の専門知識・操縦手順を習得する学科訓練を受け、フライトシミュレーターを利用した本格的な操縦訓練をつづける。その後、試験（学科と実技）を受けてライセンスを取得すると、路線訓練でフライトに乗務しながら、先輩の運航技術を学ぶ。副操縦士昇格審査に合格し、副操縦士として飛ぶまでに要する期間は10～12か月だ。

一般の大学を卒業した操縦未経験の自社養成訓練生も、同様に地上配置期間を終えてからライセンスの取得過程に入る。ＡＮＡは自社養成訓練として「ＭＰＬ（マルチクルー・パイロット・ライセンス）」という新しい訓練体系を２０１４年（平成26）からスタートさせた。

ＭＰＬは、エアラインの操縦士業務を行なうことに限定したライセンス。これを取得するＭＰＬ訓練はエアラインの副操縦士に必要な能力を分析し、より効果的に獲得できるよう工夫して設計されている。ドイツのルフトハンザ・フライト・トレーニングとも協力した訓練であり、①日本とドイツでの基礎学科訓練、②アメリカでの単発機の実機およびシミュレーターによる飛行訓練、③ドイツに戻っての小型ジェット機の学科訓練とシミュレーターおよび実機での飛行訓練——というカリキュラムが組まれている。

MPL訓練は従来の訓練と異なり、ふたり乗りの航空機の操縦士に必要な能力、操縦士間の連携やコミュニケーション力向上に力を入れ、エアラインでの運航を早期段階から意識したシームレスなもの。そのため副操縦士昇格までの訓練期間は約30か月と、早期のパイロット養成が可能になっている。

JALでは自社養成パイロットとして採用されると、約3年を費やして副操縦士資格を取得。その後、副操縦士の経験を経て機長昇格訓練へと進み、最終的に国土交通大臣の認定を受けるための口述および実地審査となる。

副操縦士になるための訓練のひとつとして、JALでもMPL訓練を実施している。MPL訓練では最初に「Coreフェーズ」で小型単発プロペラ機を使用し飛行の基礎理論を習得。つづいての「Bas-icフェーズ」で単発プロペラ機と小型双発ジェット機を使用してマルチクルー運航の基礎と計器飛行などの訓練を積んだあと、「Intermediate／Advancedフェーズ」でJALが運航するジェット機について基礎から学び、定期航路での運航をイメージした訓練や審査を経て、実機による離着陸訓練などを経験して最終的な路線訓練に至る。

JALのパイロットは、訓練を通じて飛行機を操縦する技術とともに日々の運航に欠かせないコミュニケーション能力にも磨きをかける。コミュニケーション能力が不足していると情報伝達が遅れ、ミスや行き違いが生じる可能性があるからだ。

そこでJALでは「言語技術教育」を導入。自分の考えを理論立てて、すばやく、相手にわかりやすく伝える力を養っている。

CAの訓練――トレーニングの期間・内容に違いはあるのか？

乗客を笑顔で出迎え、ボーディングパスをチェックして指定の座席まで案内したあとは、新聞やおしぼりを1人ひとりにサービス。さらに食事の時間には全員に速やかにミールが行き届くよう、ギャレーでてきぱきと準備を整え、食事が終わると機内販売のカタログを持って客席を回る――。

客室乗務員の仕事はじつに多彩だ。では、そのなかでもっとも重要なものは何だろうか。笑顔での対応？　おいしいワインや食事の提供？　いいえ、彼女たちに課せられたもっとも重要な任務は「乗客の安全を守る」こと。保安要員としての役割である。

客室乗務員＝機内サービス要員――そんなイメージを持っている人が多いだろう。しかし、そもそも客室乗務員という職業は救命・保安要員としてスタートした。「乗客の安全を守る」ために、緊急時に的確な対応ができるようつねに厳しい訓練を積んでいる。

新人トレーニングや定期訓練の期間・内容は、エアラインによって少しずつ異なる。ＪＡＬでは客室乗務員として入社すると、まずは全職種共通の新入社員教育を受けたうえで、約2か月間にわたる客室乗務員訓練に移行。そこで保安要員として、またサービス要員として必要な資質とスキルを学び、さらに路線フライトでの実地訓練（ＯＪＴ）を無事に終えるといよいよデビューだ。

最初の段階では国内線の乗務だけだが、1年以上の乗務経験を積んで約1か月の国際線移行訓練を受けると、各国各都市へ飛ぶ国際線にも乗務できるようになる。

いっぽうのＡＮＡでも、客室乗務員は入社すると全職種共通の新入社員教育を受講。その後、専門訓練に入る。最初に学ぶのは、保安要員としての航空機や運航にかんする知識と、緊急事態発生時の処置、消火器など非常用機器の実習とスライドシューﾄからの緊急脱出実習、救急看護などだ。

これらを終えたあとで、サービス訓練がはじまる。さらに路線飛行でのＯＪＴを経て、じっさいの乗務に。国内線だけでなくスタートから国際線のエコノミークラスにも就くところがＪＡＬとは違うところだ。

そして一定期間の乗務経験を積むと、国際線ビジネスクラスやファーストクラスに乗務するための訓練に移っていく。

整備士の訓練――航空専門学校出身者が多いＡＮＡ 大学からも採用するＪＡＬ

航空機の整備には「ライン整備」と「ドック整備」があることは、34ページでも触れた。

そのうち、日々のフライトの合間に機体に異常がないかをチェックするのがライン整備士だ。地方や海外からの便が到着すると、担当整備士はただちにタイヤやボディ、エンジンなどの外部点検を開始し、さらにパイロットからフライト中に気づいたことの報告を受けてコクピット内の計器類・スイッチ類などもチェックする。

機体やコクピットだけではない。客室内のシートやエンターテインメントシステム、ギャレーなどについても、ＣＡから不具合の有無を聞き、対処することもライン整備士たちの役割である。

ひと通りの作業が終わると、大型機の場合は一等航空整備士の資格を持つ整備責任者に報告。整備責任者のチェックを受けてＯＫが出れば、その機体は次のフライトの担当パイロットに引き渡される。

では、整備責任者からＯＫサインが出ない場合はどうなるのか？　安全の確認がとれてＯＫにならない限り、その機体をふたたび飛ばすことはできない。たとえ機長が「大丈夫、この程度なら問題ない」と言ったとしても、だ。一等航空整備士はその意味で、機長も頭の上がらない存在といえる。

それほど責任の重い職種であるだけに、一等航空整備士の資格を取るための国家試験は超難関だ。エアラインに整備士として入社しても、すぐに試験は受けられない。現場で4年ほど整備の実務経験を積んでから資格取得にチャレンジすることになる。試験科目は、筆記試験と実技試験のふたつ。筆記試験では、航空力学の理論からエンジンのメカニズム、電気部品、航空法規など航空機にかんする幅広い知識が問われる。

これに合格すると、次のステップが航空機を使った口述と実地による試験だ。整備の基礎にはじまり、点検・検査にかんする知識、じっさいの作業や機器の扱い方法など実技試験の問題は多岐にわたり、たしかな知識と経験がないと合格するのは難しい。年度によっては合格率が「1ケタ」という年も珍しくないという。

一等航空整備士の資格は機種ごとの「型式限定」であることも特徴である。ボーイング777の試験に合格した人なら、ライン整備の最終チェックができるのはその1機種のみ。別の新しい機種を担当する場合には、その機種について改めて資格試験を受けなければならない。

ANAでは、整備士として航空専門学校出身者を中心に採用している。入社後は有資格者の監督のもとでじっさいの作業を経験しながら資格を取得。なお、ANAでは2020年に世界最新鋭の設備を備えた総合トレーニングセンターを開設することが決まった。同センターには整備士の訓練用として、最先端のVR（仮想現実）やAR（拡張現実）の訓練マシンも導入される計画だ。

いっぽうのJALでは、航空専門学校のほか高等専門学校、大学などから整備士を採用する。

出身学校によって入社時点で専門知識や資格の有無などに差はあるが、いずれも基礎研修のあとは有資格者に指導を受けながら現場作業を進め、社内資格を取得。3年以上の実務経験を積んだうえで、国家資格の一等航空整備士をめざす。

◉本書の執筆にあたって左記の文献・資料・情報等を参考にさせていただきました――

「東京国際空港〜ハネダのすべて」／「ＪＡＬ ＪＥＴ ＳＴＯＲＹ」／「ＡＮＡ ＪＥＴ ＳＴＯＲＹ」／「羽田空港で働く ＡＮＡエアポートサービスのすべて」／「基礎からわかる旅客機大百科」／「ＡＮＡグランドスタッフ入門」中西克吉（以上、イカロス出版）／「エアラインオペレーション入門」ＡＮＡ総合研究所（ぎょうせい）／「ＪＡＬ再生」引頭麻実／「稲森和夫 最後の闘い」大西康之（以上、日本経済新聞出版社）／「ツウになる！ 特別塗装機」チャーリィ古庄（秀和システム）／「世界の傑作旅客機50」嶋田久典（ＳＢクリエイティブ）／「日本航空一期生」中丸美繪（白水社）／「空港大図鑑」ＰＨＰ研究所編（ＰＨＰ研究所）

「ＪＡＬの謎とふしぎ」／「ＡＮＡの謎とふしぎ」秋本俊二監修・造事務所編／「羽田空港のひみつ」秋本俊二（以上、ＰＨＰ研究所）／「ツウになる！ 旅客機の教本」秋本俊二・チャーリィ古庄（秀和システム）／「これだけは知りたい旅客機の疑問１００」／「ボーイング７７７機長まるごと体験」／「ボーイング７８７まるごと解説」秋本俊二（以上、ＳＢクリエイティブ）／「旅客機と空港のすべて」秋本俊二監修（ＪＴＢパブリッシング）／ＡＮＡプレミアム会員誌ＡＺＵＲＥ連載「トリビア」秋本俊二／「月刊エアライン」「季刊航空旅行」各号（イカロス出版）／国土交通省ホームページ／ＡＮＡホームページ／ＪＡＬホームページほか

KAWADE
夢文庫

ANAとJAL
こんな違いがあったのか

二〇一九年一月五日　初版発行

著　者……秋本俊二
企画・編集……夢の設計社
東京都新宿区山吹町二六一〒162-0801
☎〇三―三二六七―七八五一（編集）
発行者……小野寺優
発行所……河出書房新社
東京都渋谷区千駄ヶ谷二―三二―二〒151-0051
☎〇三―三四〇四―一二〇一（営業）
http://www.kawade.co.jp/
装　幀……こやまたかこ
印刷・製本……中央精版印刷株式会社
ＤＴＰ……イールプランニング
Printed in Japan ISBN978-4-309-48506-5